마음을 담아,
당신에게 응원을 건네요

응원 편지 모음집

김윤기, 김정숙, 박현경
심윤수, 이시은, 진선이

차례

6	응원이 필요한 당신에게
9	잠시 숨 고르기 하고 있는 그대에게
11	멋진 어른을 꿈꾸는 당신에게
14	오늘도 애쓴 당신에게
17	길 떠남의 멋을 느끼고픈 분께
19	여행에서 돌아와 편지를 받을 당신에게
22	반려동물과 인연을 맺은 당신에게
27	필사를 좋아하는 이에게
31	인생의 중반을 넘어선 당신에게
34	멋쟁이 꿈꾸는 당신에게
36	삶을 사랑하시는 철학자님에게
41	돈보다 쇼핑이 좋은 사람에게
43	헤어졌다는 그대에게
45	회사의 입사지원서를 반복한 당신에게
48	이별의 아픔을 겪고 있는 그대에게

50	기나긴 실패를 견뎌온 당신에게
53	새로운 옛날을 그리는 당신에게
55	긴 여정을 떠나는 당신에게
57	등대를 찾고 있는 당신께
59	퇴사를 축하하며
62	육아휴직을 도와준 선배님에게
64	좋은 날로의 비상을 맞이하는 당신께
66	이직에 성공한 당신에게
68	길을 찾고 있는 당신을 응원하며
71	거북이를 닮고 싶어 하는 당신에게
73	나만의 삶을 위하여 나아가시려는 분께
75	책방을 꿈꾸는 분에게
78	오늘도 행복할 당신에게
80	삶의 철학을 가지고 싶어 하는 당신께
82	모두의 행복을 바라는 행복님에게
94	마음을 담아 응원을 건네요

| 응원이 필요한
| 당신에게

 응원이 필요한 당신에게.
 안녕하세요. 응원이 필요해 책을 펼친 당신, 잘 지내고 계신가요.
 당신은 지금 잘하고 있어요.
 먼저 인사를 건네요.
 애쓰고 살아온 나날에 고단한 하루가 이어지던 순간의 끝, 되는 일이 없다고 슬퍼하던 시절, 이별의 아픔, 퇴사와 권고사직, 그리고 이외에도 수많은 힘든 일들이 살아가면서 곁을 스쳐 갑니다. 그럴 때 잠시 숨 고르기 하면서 쉬어가는 순간이 필요하지만 그게 쉽지 않은 것이 현실이지요. 때로는 멋진 어른이 되고 싶거나 여행을 떠나고 싶거나 이렇게 쉬어도 괜찮을까 고민되는 등 머릿속이 복잡한 때가 많을 텐데 그 순간도 역시 마찬가지입니다. 고민을 하다가 고민이 더 깊어질 때가 너무 많죠.

그러나 그런 일들이 있기에 우리에게 반짝이고 빛나는 순간이 펼쳐진다는 말을 믿어요. 그래서 나아질 때를 기다리며 오늘을 살아갈 당신에게 무한한 응원의 편지를 씁니다. 이 편지가 당신에게 가닿아 마음에 조금의 안정을 준다면 저는 너무 행복할 것 같아요. 편지가 당신의 마음에 친구가 되길 바랍니다. 가끔 이 책을 펼쳐 위로를 발견해 주세요.

응원이 필요한 당신에게 마음을 담아, 책을 건네요.

김윤기, 김정숙, 박현경, 심윤수, 이시은, 진선이

마음을 담아,
당신에게

잠시 숨 고르기 하고 있는 그대에게

 안녕하세요. 하루하루가 다르게 햇볕이 따뜻해지고 있어요. 햇살이 좋아서 창가에 앉아 독서 즐기시라고 책 한 권 선물하고 싶은 날이네요. 오늘의 당신, 자신을 위한 시간 잘 보내고 계시나요? 혹시 쉬면서 뭐라도 하지 않아 불안해하고 있지는 않는지요? 지금껏 쉼 없이 달려온 그대이기에 편한 마음으로 쉬었으면 하는 바람을 담아 안부 띄워요.

 당신은 굽이굽이 고갯길 넘어 잠시 숨 고르고 있을 텐데 왠지 게으름 피우고 있는 것 같아 안절부절못하고 있다면 그러지 않아도 된다고 말하고 싶어요. 세상에 묻혀 나로 온전히 살아간다는 게 쉬운 일은 아니잖아요. 지금까지 쉼 없이 달려온 당신에게 경의의 박수를 보내요. 당신이 걸어온 삶의 무게는 가늠되지 않아요. 분명 편안한 길만 있지 않았을 거라 짐작만 할 뿐이죠. 주저앉고 싶은 날, 남몰래 눈물 흘린 날, 혼자 가슴앓이 한 날이 수도 없이 있었겠지요. 잘 견디고 버

티셨어요. 이제야 쉬는 거잖아요. 그러니 쉬면서 하고 싶은 것 하고 게으름 피우며 편안한 마음이길 바라요.

 쉬는 기간은 낭비하는 시간이 아니라 다음 준비를 위해 숨 고르기 하는 시간이 되어 줄 거예요. 높은 산을 한 번에 오르는 사람은 드물잖아요. 잠시 쉬면서 내가 좋아하는 걸 하는 게 이기적이라고 생각되진 않거든요. 그동안 수고한 나를 위로하고 충전하며 일로 비워진 틈을 채우는 시간이지요. 때론 타인의 위로가 필요할 때가 있지만, 무엇보다 자기 위로와 자기만족이 우선이란 생각이 들어요. 나 없이 네가 있을 수 없잖아요. 내 정신과 육체가 건강해야 주변에 좋은 영향력이 미치더라고요. 본인이 좋아하는 걸 하면서 행복한 에너지가 채워지면 좋겠어요. 주변인과 옆 사람이 지금까지 수고한 그대의 노고를 알고 있을 거예요. 수고한 그대, 쉬면서 지금까지 누리지 못한 일상 속 자기애를 찾길 바라는 마음을 담아 응원의 편지를 보내요.

 그대의 삶을 열렬히 응원하는 이로부터

멋진 어른을 꿈꾸는 당신에게

따뜻한 햇살이 반겨주네요. 멋진 어른을 꿈꾸기에는 너무 좋은 날씨죠. 사실 저는 당신이 멋진 어른이 되고 싶다고 이야기했을 때 그 자체로 정말 훌륭하다고 생각했어요. 요즘에는 태어났기에 그냥 살아가는 사람들이 많잖아요. 멋진 어른이 되어서 세상에 보탬이 되고 싶다기보다는 그냥 사회의 일원으로 숨 쉬는 것만 해도 너무 다행인 그런 사회의 분위기 속에서 멋진 어른을 꿈꾸는 마음은 너무 대단해요.

저는 아직 어른이 되기를 거부하고 있어요. 나이는 계속 먹어 가고 있지만 '어른이' 같은 정신이 몸을 지배하고 있는 것 같아요. 뭔가 '어른'이라는 단어 자체가 많은 것들을 짊어져야 하는 사람 같고, 하나의 독립적인 객체로서 그늘 하나 없는 그런 세상에서 살아가야 할 것 같은 느낌이어서요. 그래서 제가 한 소소한 반항이 누군가를 부를 때 "~씨"를 붙이지 않는 거였어요. 별거 아닌데 저에게는 넘고 싶지 않은 그 '무언가'였거든요. 지금은 이렇게 생떼를 쓰지만 아이러니하게도 어린 시절 제가 꿈꾸던 미래는 커리어우먼이었어요. 세련된 옷을 입고 당당하게 나의 의견을 이야기하고 높은 구두를 신고 또각또각 걸어가는 그런 커리어우먼이요. 하지만 세상을 조금 겪어본 지금은 돈 많은 백수를 꿈꿔요.

세상을 살아가는 게 뭐 그리 어려웠을까요. 내가 겪은 세상이 어땠길래 이런 꿈을 갖게 되었을까요. 삶은 정말 쉽지 않은 것 같아요. 무언가를 꿈꾸거나 헤쳐 나가기에도 때론 너무 버거워요. 그냥 어른이 되는 것도 어렵고, 멋진 어른이 되는 것은 더욱더 버거운 것 같아요. 사람은 누구나 존귀하고 존중받아야 하지만 저마다의 몫이 있고 능력치가 달라요. 모든 사람이 똑같은 일을 할 수 없다는 이야기죠. 그래서 그냥 내 삶에 충실히 책임감을 가지고 최선을 다해서 살면 그걸로 충분한 것 같아요. 내가 있는 이 자리에서 내가 할 수 있는 일을 한다면 나로 인해 세상이 원활히 돌아가게 되니까요. 그 자리에 있는 것만으로도 사회의 일원으로서 내가 할 수 있는 일로 누군가에게 긍정적인 영향을 미치는 사람이 되는 거죠.

사전적인 의미로 '어른'은 사회에 나가서 책임

을 지는 사람이라는 뜻이래요. 그러니 어른이 되는 것만으로도 우리는 충분히 세상을 아름답게 만들고 있어요. 당신은 이미 그 자체로 멋져요. 하지만 더 멋진 어른을 꿈꾸다니 대단한 그 마음 계속 응원할게요! 더 멋있어질 당신을 기대하겠습니다.

이시은 드림

오늘도 애쓴 당신에게

 오늘 하루 어떠셨나요? 오늘도 고개 숙인 채 바쁘게 달리느라 하늘 한 번 못 보신 건 아닌지요? 가끔 일에 쫓기다 밥 먹어야 하는 시간마저 아까워하며 끼니 거르고 있는 건 아닌지요?
 저는 하고 싶은 것, 이루고 싶은 일들이 있어 저질러 놓은 일들이 많다 보니 번아웃이 잘 오는 편이에요. 번아웃 그 친구 참 독한 친구더라고요. 열심히 일하며 달려온 제게 잠시 쉬었다 가라고 달리는 제 손을 잡아채 무기력이라는 의자에 앉혀 놓고 힘을 빼놓더라고요.
 올해는 내 꿈을 위해 공부하고, 현실을 살기 위해 직장 일도 동시에 진행하려고 하다 보니 쉽게 지치는 것 같아요. 누군가 등 떠밀어서 공부한 것도 아니다 보니 다른 사람에게 푸념할 수도 없고 답답하더라고요. 과거, 공부를 선택한 저에게 화내고 싶었지만 그게 어디 가능한가요? 재미있는 건 당시에도 미래의 제가 힘들 거란걸 알고 있었다는 거예요. 우습게도 그건 그때 미래의 제가 해결할 거라는 생각을 했다는 거죠.

　이렇게 힘들 때 예전에는 혼자서 힘든 것을 감당했는데, 요즘은 주변 사람들이 저를 가만두질 않더라고요. 어떻게든 저를 끌어내어 이야기하게 하더라고요. 문제 자체가 해결되는 것은 아니지만 그래도 속에 있는 어려움을 이야기하니 답답함도 사라지는 듯하고 함께 고민도 하고 위로해 주니 그나마 더 깊이 굴속으로 들어가지는 않게 되더라고요. 그 이후부터는 힘들면 지인들에게 이야기하며 위로받았어요.

　얼마 전에 번아웃이 심하게 왔는데 이번엔 가족의 도움을 받았어요. 계획하지 않았던 여행을 가족에 의해 갑자기 떠나면서 당황했지만, 그래도 여행을 통해 생각을 정리할 수 있는 시간을 가질 수 있어서 좋았던 것 같아요. 여행을 통해 쉼이 오고 이제는 그때 얻은 그 힘으로 울지도 않고 다른 여행을 계획하며 즐겁게 살아가고 있답니다.

　예전에 어떤 영상을 봤는데 본인 스스로 위로하는 방법이 있다고 해요. 내가 나를 위해 하는 위로인 거죠. 제가 자주 쓰는 방법이랍니다. 팔짱을 끼고 그 손으로 나를 '토닥토닥' 해주는 거예요. 저는 아가들 재울 때 엄마가 토닥여 주는 것처럼 저에게 토닥여요. 그러면 신기하게 위로가 되더라고요. 한껏 긴장되었던 몸이 어느새 토닥임에 맞추어 편안해지더라고요. 그리고 조용히 이야기했어요. "괜찮아. 넌 잘했고, 잘하고 있고, 앞으로도 잘할 거야. 걱정하지 마. 네가 덜 고민하고 덜 울고 더 웃고 더 행복했으면 좋겠어."라고 말이죠. 그래서 이런 말 할 때는 혼자 있을 때 한답니다.

번아웃이 꼭 나쁜 것만은 아니래요. 너무 빠르게 달리고 있어서 조금만 쉬었다 가라고 내가 나에게 브레이크 거는 거래요.

우리 잠시 크게 숨을 쉬어 볼까요? 우리 앞으로 나아갈 길만 바라보기로 하고 오늘은 푹 쉬었으면 좋겠어요. 당신은 잘했고, 잘하고 있고, 잘할 거예요.

오늘 하루도 애쓴 당신. 고생 많으셨습니다.

잠시 쉬고 있는 친구가

길 떠남의 멋을 느끼고픈 분께

오늘은 어디론가 떠나기 좋은 기분 좋은 하루였어요. 지인 중에 여행에 중독된 것처럼 즐기는 삶을 사는 사람이 있어요. 시간과 약간의 경비가 준비되면 거기에 맞춰 계획하는 듯해요. 건축가라는 직업을 가지고 있어서 시간이 매우 여유가 없지만 직업전문학교 선생을 그만두고 한 달을 떠났고 그 후 입사한 회사에서도 몇 년 근무하고 단호하게 스페인, 포르투갈 순례길에 도전하더라고요. 그에게 "왜가?" 물으면 거침없이 "그냥! 탈출!". 이런 탈출이 지속되니 나이가 찼음에도 짝이 있는 건지 없는 건지 혼자이면서도 걱정이 되는지 안 되는지 알다가도 모를 일상을 보이더라고요. 그렇지만 무언가 이루고자 하는데 참 매력이 있어 마음이 끌려요. '그래. 멋지다. 어딘가 미지의 세계를 탐험하는 것도 무한 가치와 의미가 있는 것임이 틀림없다.'

여행은 복잡하고 심란한 마음을 정리하기에는 참 좋죠. 낯선 곳, 낯선 얼굴, 음식, 말투로 인하여 너무 설레지 않을까 생각됩니다. 떠나세요. 뒤돌아보지도 마세요. 그 길에서 돌아오신 다음에는 훨씬 성숙하고 마음의 정리가 가지런히 되셨다면 좋겠어요.

자! 서두르자고요. 짐 싸셔야죠!

김윤기 드림

여행에서 돌아와 편지를 받을 당신에게

 떠나고 싶다고 노래하더니, 실제로 떠나보니 어떤가요? 이 편지는 돌아와서 보게 되겠지요? 소망한 만큼 행복한 여행이었을까? 아니면, 집 떠나면 고생이라는 말을 실감하고 왔을까? 이런저런 궁금증을 품은 채로 글을 쓰고 있습니다.
 머리가 복잡하고 주변이 힘들면 왜 다들 여행을 떠나고 싶다고 할까요? 그건 익숙한 공간이 주는 관성 때문이지 싶습니다.
 사람은 환경의 동물이니 익숙한 환경과 사람들 사이에서는 늘 하던 생각과 결정만 하게 되는 것 같습니다. 관성에서 벗어나 변화가 필요한 순간이 바로 여행이 필요한 때인 거죠. 멀리 떠나지 않아도 새로운 환경이 주는 변화가 평소와 다른 생각을 하게 하고, 실마리가 보이지 않던 고민의 끝을 찾게 하는 듯합니다.
 집이란 공간은 익숙하고 편안하지만 늘 이런저런 일을 부릅니다. 집은 쉬는 공간이지만 가꾸고 돌봐야 하는 공간이기도 해서 늘 해야 할 일들이 우리를 기다리고 있습니다. 가만히 앉아 있다가도 '아! 저거 치워야지', '아 저거 안 했네' 식으로 말입니다. 그러고 보면 호캉스를 떠나는 사람들의 심정을 알 것 같습니다. 멀쩡한 집 두고 지하철 타고 호텔 가서 자고 오나 싶었거든요. 익숙함과 편안함, 의무와 잡일에서 벗어나 나에게만 집중하고 새로운 경험을 할 수 있으니 사람들은 끊임없이 집을 탈출해 여행을 떠나는 거겠지요?

훌쩍 떠날 용기가 사실 매우 부럽습니다. 일상에 매여 살다 보니 잠깐의 여유도 생각나지 않을 때가 많습니다. 사실 하루 중 1~20분 만드는 것이 뭐 그리 힘들겠습니까. 인터넷 서핑만 해도 3, 40분은 금방 지나갑니다. 그 시간을 나를 위한 여유의 시간으로 만들 수도 있는데 그 잠깐의 여유시간도 만들지 못하면서 살고 있습니다. 여행이 일상을 새롭게 만들고 새로운 생각의 원천이 된다면 일상에서 잠깐의 여유를 만들어 여행 같은 시간을 만들 수도 있을 텐데 말입니다. 새로운 공간에서 커피 한 잔 혹은 산책 30분, 맛있는 음식 찾아서 먹기… 이런 식으로 말입니다. 하지만 잠깐의 여유도 만들지 못하고 훌쩍 떠날 용기도 내지 못하고 사는 모습은 다들 비슷한 듯합니다. 일상 속에서 잠깐의 여유로 만든 시간보다 떠나서 만나는 새로운 풍경이 더 기대되는 것은 당연한 법입니다. 그래서 더욱 당신의 여행을 응원하고 있습니다.

저는 아직 훌쩍 떠나보지 못했으니 먼저 떠난 당신이 그 경험을 나눠주길 바랍니다. 떠나고 싶은 마음을 묵히지 않고 떠난 용기를 응원하고 있습니다. 건강한 모습으로 돌아와 여행에서 건져 온 많은 이야기를 나눠 주길 기다리고 있겠습니다.

돌아오면 연락해 주세요.

박현경 드림

반려동물과 인연을 맺은 당신에게

안녕하세요! 집사님! 웰컴투 더 집사월드!
'마음으로 낳아 지갑으로 모셨다'의 주인공인 반려동물과의 삶을 시작하셨군요. 정말 환영합니다. 저는 6냥이의 엄마입니다. 감히 제가 6냥이의 엄마라고 말씀드렸네요. 사실 그분들을 모시는 집사일 뿐인데 말입니다. 그동안 6마리의 고양이들과의 인연을 가지게 되었어요. 제가 인연을 맺은 6마리의 고양이들을 소개하겠습니다. 제일 처음 제 인생에 폴짝, 뛰어든 고양이들은 레오와 레이입니다. 처음 이름을 지을 때 얼마나 고민을 했던지요. 누구보다 기발하고 눈에 띄고 자랑할 만한 이름을 짓고 싶어서 세상에 온갖 좋다는 고양이 이름은 다 찾아봤어요. 그래서 찾은 이름이 바로 레오와 레이입니다. 평범하다고요? 설마요! 이름이 어디에서 기인한 것인지 알게 되면 깜짝 놀라실걸요? 어디에서 힌트를 얻은 이름인지 맞출 기회를 드리겠습니다. 힌트는 바로 한 외국 과학자의 이름입니다. 네! 맞습니다.

'갈릴레오 갈릴레이'입니다. 갈릴레오 갈릴레이라니, 고양이 이름이 정말 거창하죠? 갈릴'레오' 갈릴'레이'에서 딴 이름이에요. 새롭게 집사가 되신 당신, 저의 작명을 이기고 싶다는 생각이 드시지 않나요? 그다음으로 제 삶에 뛰어든 고양이들은 '하루', '그레이', '몽실이'입니다. 이 아이들은 레오와 레이의 동배 동생들입니다. 그런데 이름이 좀 느낌이 다르지요? 이 아이들의 어미 고양이와 아비 고양이를 키우고 있는 분이 지은 이름을 그대로 사용하고 있습니다. 그리고 막내 '장군이'까지 총 6마리가 제 삶에 뛰어들었네요. 그중 레이와 하루는 무지개다리 너머 고양이천국에서 뛰어놀고 있고 현재 네 마리 고양이들과 세 마리의 마당 고양이와 함께 살아가고 있습니다. 소개가 길었네요. 하지만 어쩔 수 없답니다. 반려동물 자랑은 사흘 밤을 새워도 모자라니까요.

이건 누구나 다 아는 비밀인데요, 사실 고양이와 함께하는 삶은 매일매일이 행복입니다. 그래서 자신 있게 반려동물을 키우는 삶으로 접어드신 것을 축하드릴 수 있어요. 요즘 반려동물을 키우는 것이 유행처럼 번지고 있고 많은 사람들이 반려동물을 키우고 싶어 하고 있지요. 어떤 반려동물을 키울 것인가를 고민하기도 하지만 그보다 많은 사람들이 자신의 삶도 돌보기 힘든데 '어떻게 반려동물을 키우지?'라는 생각도 하고 있더군요. 반려동물을 오랫동안 키운 사람으로서 이런 고민은 참으로 반갑습니다. 정현종 시인이 쓴 〈방문객〉이라는 시에서 '사람이 온다는 건 실은 어마어마한 일이다.'라는 구절이 있습니다. 사람뿐일까요. 반려동물이 나의 삶에 들어오는 것도 실로 어마어마한 일입니다. 반려동물의 삶이 나의 삶에 통째로 들어오는 일이니까요. 사실 그보다 더 중요한 것은, 우리의 삶에 있어 반려동물의 삶은 일부지만, 반려동물들의 삶에서 우리는 전부라는 것입니다. 그것을 깨닫는 순간 단 한 순간도 반려동물에 대해 소홀히 대할 수 없음을 깨달았어요. 세상의 어떤 삶도 함부로 대해져서는 안 되는 것이니까요.

고양이들을 키우기 전에 저는 일과 육아에 쫓겨서 쏟아지는 삶의 숙제를 쳐내기 바빴어요. 도대체 나는 누구인가, 왜 사는가, 무엇을 해야 하는가, 내 삶의 방향은 어디로 향하는가. 이런 것들을 생각하는 것은 사치인 시간이었죠. 온전하게 쉰 게 언제인지도 잊고 살고 있었지요. 이렇게 스스로에게 가혹한 시간들 속에서 레오와 레이를 만난 것은 저에게 정말 행운이었어요. 작고 보드라운 그 존재들이 저를 온전히 믿고 자신들의 삶을 저에게 맡기고 있다는 것을 깨달은 순간 얼마나 눈물이 났는지 모릅니다. 그리고 너무도 당연하게 그 아이들을 더욱 잘 돌보기 위해 노력했고 좀 더 나은 반려인이 되기 위해 세상에 눈을 돌렸습니다. 그 덕분에 소액이지만 한 달에 몇 군데의 동물 보호소에 후원을 하고 있습니다. 그리고 집 마당에 찾아오는 길고양이들에게 매일 밥을 주고 있고요.

고단한 나의 잠자리에 작은 4개의 발로 자박자박 걸어와 세상 무해한 눈빛으로 바라보며 자신의 털을 쓰다듬는 제 손길에 고롱고롱 소리를 내며 잠드는 모습은 세상의 모든 근심과 불평, 어려움, 슬픔을 날리기에 충분했습니다. 햇빛 아래 가장 따뜻한 곳에서 깊은숨을 쉬며 누워 잠든 모습에 햇빛에 적당히 노곤하게 녹아내린 옆구리 털에 코를 박으면 따뜻한 햇살의 냄새가 납니다. 한참을 그러고 있으면 약을 먹어도, 낫지 않는 두통이 신기하게 사라지기도 했죠.

반려동물들은 분명히 우리의 돌봄이 필요한 존재인 것은 맞지만 그렇다고 절대 우리보다 약한 존재가 아닙니다. 강하고 단단한 분들입니다. 한없이 흔들리는 내 삶에서 묵묵히 곁을 지켜주는 존재니까요. 저는 이제 제 고양이들이 없는 상태로 돌아가기 힘듭니다. 털이 수건에 붙어 닦을 때마다 얼굴에 달라붙기 일쑤이고 이불을 갤 때마다 털이 훨훨 날려서 숨쉬기 힘든 비염으로 시달려도 그들이 없는 삶으로 돌아가기 싫습니다. 집사 선배로서 미리 경고하지만 힘드실 거예요. 늘 옷에 털이 붙어 있고 긴 시간 여행을 갈 수도 없으며, 일찍 귀가해야 하고, 나는 굶어도 그분들은 굶길 수 없고, 내 화장 지우기도 귀찮지만 그분들 화장실은 치워야 하고 말 못 하는 그들의 숨겨진 아픔도 빨리 알아채야 하고 말이죠. 그럼에도 제 삶에서 고양이가 없는 것은 상상하기 힘들 정도로 위안을 받고 행복합니다. 앞으로 당신의 삶 또한 같아지리라 장담합니다. 반려동물로 인해 당신의 삶은 조금 더 완벽해질 거예요. 반려동물들로 인해 행복이 가득한 삶, 그 행복 안에서 충만함을 만끽하시길요!

　　　　　당신의 선배 집사인 심윤수 드림

필사를 좋아하는 이에게

 오늘은 따스한 햇살이 나를 나른하게 만들어 게으른 마음을 갖게 하네요. 이틀 전 꽃봉오리가 맺힌 버베나 꽃이 심어진 화분을 하나 사서 창가에 두었거든요. 근데 어느새 꽃망울을 터뜨리며 곱게 피웠네요. 꽃잎이 나비가 양 날개를 옆으로 활짝 편 모양처럼 생겨 앙증맞고 귀여워요. 연분홍빛과 진한 붉은색이 매혹적이어서 자꾸 눈길이 가네요. 나른한 오후에 낮잠을 자려다 따스한 햇살을 친구 삼아 창가에 앉아 책을 읽다, 마음을 흔드는 문장을 만났어요. 이런 문장을 만나면 전 그냥 지나치지 못해요. 노트와 펜을 준비해 필사해요. 제가 필사를 무척 좋아하거든요. 필사 얘기가 나와서 하는 말인데요. 쓰기를 좋아하는 한 사람으로서 필사에 대한 수다를 조금 떨어볼까 해요.

 디지털 시대에 종이에 쓰는 게 좀 번거로울 수 있지만 저는 쓰는 필기감을 좋아해요. 자판을 눌러쓰는 것과 한 글자씩 눌러 필사하는 느낌은 전혀 다르거든요. 여기에 필사의 매력이 있어요. 필사 노트는 가리지 않고 쓰는 편이에요. 예쁜 노트를 사서 쓸 때도 있지만 책을 사면 사은품으로 받은 노트, 지인들이 선물해 준 노트 등 가지고 있는 것을 활용해 써요. 필사로 쓰는 펜은 여러 개를 가지고 사용해요. 굵은 펜은 책 제목을 쓸 때 써요. 가늘게 쓰고 싶을 때는 0.38심을 사용해요. 쓱쓱 글씨 쓰는 소리가 듣고 싶을 때는 만년필을 사용하기도 하고요. 만년필 필기감은 볼펜과 또 다른 느낌을 주거든요. 만년필로 글을 쓰면 글씨가 더 예쁘게 보일 때가 있어요. 이건 어디까지나 개인적인 생각이긴 해요. 그러나 제가 애용하는 펜은 12색의 색깔 펜이에요. 강조하고 싶은 글이나 눈에 띄게 쓰고 싶을 때 색깔 펜은 유용해요. 제가 문구에 좀 진심이라 필사 얘기하니 신나서 너무 수다스러웠네요.

제가 필사를 시작한 지는 오래되었어요. 책을 읽다 옮겨 쓰고 싶은 문장이 있으면 읽던 책을 멈추고 쓰기에 집중해요. 필사를 시작한 이유는 좋은 문장을 놓치고 싶지 않아서입니다. 제가 책 읽기 다음으로 좋아하는 게 글쓰기라서 필사가 글쓰기에 도움이 될까 싶어 시작했는데 저에게는 도움이 많이 되더라고요. 필사하기 전에는 책을 후루룩 읽고 끝나버려 남는 문장이 별로 없었어요. 그런데 필사를 시작하면서 책을 좀 더 깊이 있게 읽게 되었어요. 책 속에서 마음 흔드는 문장을 만나면 소리 내 한 번 더 읽어보고 노트와 펜을 준비해 문장이나 단락을 쓰며 글의 의미를 파악해요. 읽을 때는 몰랐던 문장이 필사하며 문장 속으로 빠져들게 하더라고요. 왜 여기에 이런 단어를 썼을까 이런 문장을 쓸 때 작가는 어떤 마음으로 썼을까. 필사 후 독자가 아닌 작가의 마음이 되어 문장을 다시 들여다보게 돼요. 필사한 문장을 바꿔 써 보고, 그 문장에서 느낀 제 생각을 덧붙여 글을 쓰기도 해요. 그렇게 연습하면 글쓰기에 도움이 되기도 하고요.

 필사는 저의 과거 기록이기도 해요. 제가 읽은 책에 대한 기록을 남기는 작업이기도 하고요. 2019년 『빨간 머리 앤』에게 빠진 적이 있었거든요. 빨간 머리 앤 책과 노트를 구입해 열심히 읽고 필사한 노트가 있어요. 이 편지를 쓰며 오랜만에 필사한 빨간 머리 앤을 들쳐 보았어요. 근데 필사된 노트를 보는 순간 울컥한 기분이 드는 거 있죠. 필사된 글을 보며 잠시 과거의 시간으로 돌아가는 것 같았고 그때의 나를 보는 듯했어요. 빨간 머리 앤에게 푹 빠져 읽던 나, 문장이 아름다워 한 글자씩 꾹꾹 눌러쓰고 있던 그때가 생각났어요. 과거의 나와 조우하는 느낌, 왠지 모를 뭉클함이 있었네요.

  필사의 좋은 점은 또 있어요. 필사는 바쁜 마음을 잠깐 쉬어가게 만들어요. 필사한 문장을 되씹으며 작가의 글을 음미하다 생각이 깊은 심연에 잠겨 허우적거리기도 해요. 또 어떨 때는 그냥 생각을 멈추고 흘려보낼 때도 있어요. 필사는 한 글자 한 글자에 공을 들여 쓰는 거라서 시간의 공을 쌓는 거와 같아요. 그 시간을 필사로 채우고 나면 뿌듯함이 생기고 애착이 가요. 필사 얘기를 계속하니 펜을 잡고 싶네요. 손끝이 간질간질 해지며 필사하고 싶은 마음이 꿈틀거려요. 지금 『생의 한가운데』을 읽고 있는데 필사하고 싶은 곳이 많아요.

  필사를 좋아한다고 하니, 왠지 나보다 더 진심이고 잘하고 계실 것 같아요. 우리 서로 응원하며 함께 나아가요!

                필사 매력에 푹 빠진 사람으로부터

인생의 중반을 넘어선 당신에게

　요즘 책을 읽고 글을 쓰며 시간을 보내고 있다고 들었는데, 잘 지내고 계신가요?
　갑작스럽게 시간이 많아져 당황했을 것 같은데 늘어난 시간에 책과 글로 시간을 보내고 있다니, 저는 여전히 회사에 매인 몸이라 자신만을 위한 시간을 보내는 풍경이 잘 그려지지 않습니다.
　인생의 중반부를 넘어선 우리가 모두 그렇듯 당신도 많은 고비를 넘겨왔겠지요? 그 고비들을 넘을 때마다 최선을 다하셨으리라 생각합니다. 어릴 때는 나이가 들면 세상의 많은 일들이 조금은 쉬워질 거라 생각했습니다. 손에 굳은살이 생기듯 마음에도 굳은살이 생겨 힘들고 어려운 일도 무덤덤하게 받아들일 수 있지 않을까 싶었습니다. 큰 고비를 넘을 때마다 척척 해결하는 어른들이 대단해 보였습니다. 하지만 정작 나이가 들어보니 인생의 고비마다 연습 따위는 없다는 걸 알게 되었습니다. 경험과 나이가 늘어난다고 해서 저절로 마음에도 단단한 굳은살이 생기는 것은 아니었어요.

 그럼에도 연습이 없는 인생이라서 더 좋은 걸까요? '연습할 수 있었다면 다른 선택을 할 수 있었을까?'하는 생각을 해봅니다. 제 대답은 "아니요"입니다. 다시 그 순간에 놓인다고 해서 더 나은 선택을 했으리라곤 생각되진 않습니다. 그렇게 매 순간 할 수 있는 최선의 노력과 선택으로 '지금'이라는 시간에 도착했다고 생각합니다.

 많은 일이 그렇듯 중간쯤 가다 보면 좀 쉬어가고 싶잖아요. 어디쯤 왔나 돌아보기도 하고, 얼마나 가야 하나 가늠해 보고 싶기도 하고요. 쉬어가면서 글을 써보고 싶다는 마음은 아마도 그런 마음이 아닐까요? 지금까지의 삶의 과정을 기록하고 앞을 내다보는 가늠자. 누군가 그랬습니다. 안에 쌓인 것이 많으면 그것이 글로 나오게 된다고. 최선을 다해 넘어온 순간들이 글로 태어나겠네요.

 평균수명이 늘어난 만큼 활동하는 시간도 늘었으니 더 노력하고 도전하라고 합니다. 물론 그 말도 일리가 있습니다. 평균연령이 100세가 넘어가는 시대에 4, 50대의 나이는 이제 고작 절반쯤 달려온 셈이니 앞으로가 더 중요하지요. 쉼 없는 도전과 발전이 인생의 중요한 가치인 사람도 있고, 저 역시 매일 성장할 수 있다고 믿고 있습니다. 하지만 중요한 건 결국 자기 자신이 아닐까 싶습니다. 앞으로 나갈 때와 쉬어갈 때를 아는 것만큼 자신을 아끼는 방법이 있을까요? 멈춤과 쉼에도 용기가 필요합니다. 쉬어갈 수 있을 때 충분히 쉬고 내가 원하는 것에 귀 기울일 용기를 낸 것에 박수를 보냅니다. 스스로를 돌보는 시간 속에서 안으로 더 단단한 사람이 되어서 얻는 지혜를 나눠주시길 바랍니다. 성찰의 결과물이 글로 태어나 책으로 사람들과 만난다면 제가 1번 독자가 되고 싶습니다.

        당신의 쉼과 도전을 응원하는 친구가

멋쟁이 꿈꾸는 당신에게

 싱그러운 바람결이 코끝을 간지럽히는 차분한 아침 시간입니다. 멋진 어른으로 살고 싶으시다고요? 이미 멋지게 지내고 있을 거라 믿어지는 건 왜죠? 저는 겉멋이라도 흉내 내면서 지내려고 옷 다려 입고 수염 깎고 신발 닦고 선크림 바르고 지내고 있어요. '멋! 참 멋진데 그게 뭐더라?' 삶에 지친 이 시간을 살아내는 동질의 우리에겐 답하기 어렵네요. 사전적 의미엔 차림새, 행동·됨됨이 따위가 세련되고 아름다움, 고상한 품격이나 운치, 이렇지만 어른까지 더해진 멋진 어른이란 대답하기에 곤란하네요. 내가 실천하지 못한 상식적인 멋진 어른을 생각해 보면 나보다 더 어른을 인정해 주고 세상의 아우들을 업어 줄 수 있는 어른, 문방구 앞에서 주전부리를 바라보기만 하는 낯 모르는 아이에게 사탕 한 움큼 주머니에 넣어줄 수 있는 어른, 친구의 불의를 말려주며 바른길로 끌어주는 어른, 또 식사 자리에서 먼저 계산하는, 질병에 시달리는 이웃 문병하는, 내 가족 사랑하는, 옆집 골목 눈 쓸어주는, 꼴등 한 자녀 포근하게 안아주며 쓰다듬어주는 어른 등 너무 많아요. 이래서 멋진 어른 되기가 쉽지 않다고 생각됩니다. 하지만 멋진 어른이 되고 싶다는 소망 하나만으로도 이미 멋진 어른의 틀이 만들어졌다고 생각하는 건 과한 욕심일까요? 멋진 어른으로 힘차게 나아가기를 응원합니다.

김윤기 드림

삶을 사랑하시는 철학자님에게

 당신에게 오늘의 태양은 어떤 온도였을까요? 매일 우리가 만나는 태양은 누군가에겐 따뜻하고 누군가에게는 뜨겁습니다. 매일 같은 해가 뜨는 것 같지만, 태양은 우리에게서 조금씩 멀어지고 가까워지기를 반복하고 그로 인해 우린 다른 날들을 살아가고 있죠. 어떤 날은 따뜻하게, 어떤 날은 덥고, 또 어떤 날은 춥고… 매일 다른 온도로 말입니다. 우리의 삶도 그러하겠지요. 오늘은 유독 햇볕이 따뜻하게 느껴지는 날이었습니다.

 저는 늘 나만의 철학을 가지고 살고 싶다는 생각을 해왔습니다. 어떤 철학을 가지고 살아갈까, 늘 고민해 왔죠. 혹시 당신도 그러할까요? 그렇다면 더없이 반갑습니다. 얼마 전 철학이라는 말에 '사랑하다'라는 뜻이 담겨있다는 것을 알게 되었어요. 사랑이라니. 순간 늘 어렵고 멀게 느껴지던 단어가 부쩍 가깝게 느껴지면서 욕심이 나더군요. 나의 삶에 철학을 더 붙여서 살고 싶은 그런 욕심 말입니다.

 삶에 철학을 붙이는 것은 끝을 알 수 없는 인생의 바다를 헤쳐 나가는 배를 띄우는 삶인 것 같습니다. 나만을 위한 작고 단단한 배를 드넓게 펼쳐진 끝을 알 수 없는 바다에 띄웁니다. 넘실대는 파도의 흐름을 유연하게 오르내리며 항해하는 동안 시나브로 떠오르는 태양을 만나고 또 우연히 만난 은하수의 끝을 발견하고 그 별 무리를 향해 끊임없이 앞으로 나아가는 그런 삶요. 혹시 소설을 영화로 만든 〈라이프 오브 파이〉를 보신 적 있나요? 그 영화에는 아주 유명한 장면이 있습니다. 주인공이 '파이'는 작은 보트에 타 위험한 호랑이인 '리차드 파커'와 함께 망망대해를 표류합니다. 한 치 앞이 보이지 않는 어두운 바다 위, 갑자기 바닷속 플랑크톤들이 별처럼 빛나는 거예요. 그리고 이내 아주 큰 고래가 그 플랑크톤을 먹기 위해 공중으로 날아오르는 장면이었습니다. 파이는 그 때문에 보관 중이던 식량을 모두 잃어버리고 말았지만, 그 장면은 많은 사람들이 기억하는 영화의 대표적인 한 장면이 되었어요. 저도 그 장면을 보면서 "우와."라고 감탄했던 것이 기억나네요. 하지만 사실 그 영화에서 더 기억에 남는 장면은 파이가 살아남기 위해 호랑이 리차드 파커를 길들이는 장면이었어요. 파이는 표류하는 작은 보트 위에서 위험한 존재인 호랑이에게 잡아먹히지 않기 위해 고군분투하며 공존을 위한 길들이기를 시전합니다. 신선한 먹이를 주면서 말이죠. 그리고 언제 자신을 잡아먹을지도 모르는 맹수인 호랑이와 유대감을 형성하고 작은 배 위에서 함께 표류합니다. 그 과정에서 파이는 리차드 파커에게 말합니다. "너는 저기! 나는 여기!"라고 말이죠. 그 결과 언제 구조될지 모르는, 한 치 앞도 모르는 바다 위에서의 어려움을 이기고 그 둘은 살아남습니다. 삶에 철학을 갖는 일은 이런 것 아닐까요. 언제 잡아먹혀도 이상하지 않을 호랑이와 공존할 수 있는, 언제 도달할지 모르는 목적지에 끝까지 갈 수 있는 힘을 가지는 것 말입니다. 파이가 리차드 파커와 함께 살아가기 위해 공존의 규칙을 정한 것처럼 철학을 가진 삶을 살아 나간다는 것은 나만의 삶의 규칙과 공식을 만들어내는 것입니다. 그 규칙과 공식은 어렵고 힘든 순간을 포함하여 일상의 모든 순간 내가 살아가는 모습을 만들어가는 중요한 방법을 제시하겠지요.

당신의 삶에는 어떤 규칙과 공식이 존재하나요? 규칙과 공식이라고 하는 말도 조금 어렵다면 조금 더 쉽게 생각해 볼까요? 저는 철학이 우리의 삶 대부분을 만드는 보이지 않는 손이라고 생각합니다. 그리고 우리는 물레 위에 놓인 질 좋은 점토고요. 그 물레를 돌려 점토의 모양을 다듬고 형태를 만드는 손이 바로 그것이죠. 그 손이 우리를 어떻게 어루만지느냐에 따라 생각과 삶, 그리고 지혜의 모양이 빚어집니다. 삶은 신뢰와 진정성, 그리고 사랑으로 이루어졌다는 뜻이죠. 또, 나에게 가장 중요하게 자리하고 있는 것은 사랑입니다. 저를 어루만져 만든 것은 신뢰와 진정성, 그리고 사랑이라는 뜻이죠. 삶의 모든 선한 존재를 사랑합니다. 그 존재를 신뢰하고 진정성으로 대하는 것이 제 삶의 모습이자 철학이랍니다. 당신은 어떤 모양으로 어떻게 빚어진 존재일까요? 문득 궁금해집니다.

 우리는 살면서 수없이 많은 결정의 순간을 맞닥뜨립니다. 그 누구도 피하거나 예외일 수 없죠. 점심으로 마라탕을 먹을지 떡볶이와 김밥을 먹을 것인지, 건강을 위해 운동을 하러 갈 것인지 그 시간에 쉴 것인지… 늘 선택과 결정의 순간들이 하루를 채웁니다. 저는 이 편지를 어떤 내용으로 채울지를 결정하는 것이 오늘의 가장 중요한 선택과 결정이었어요. 어떤 내용을 담아야 삶의 철학을 찾고 싶어 하는 마음 그 자체가 이미 삶의 철학을 실천하고 있다는 것임을, 그 안에서 이미 잘 살아 나가고 있다는 말을 잘 전할 수 있을까 고민을 해야 했거든요. 당신은 중요한 결정을 해야 하는 순간에 어떤 생각을 하시나요? 결정의 기준은 무엇인가요? 입버릇처럼 "나는 이게 중요한 사람이야.", "다른 건 몰라도 이건 지켜야지."라고 말하는 순간의 '이것'이 무엇인가요? 약속 지키기, 솔직하게 말하기, 나를 사랑하기, 상대방을 먼저 이해해 보기 등 어떤 중요한 말로 당신을 표현하고 있나요? 그 말들이 당신을 더욱 특별하게 만드는 중요한 요인인 것이지요!

이제 남은 일은 그 단어들로 나를 드러내는 것이겠네요. 저는 '사랑과 신뢰, 진정성의 심윤수'라고 써보겠습니다. 당신은? 당신이 어떤 수식어로 당신을 표현하든지 저는 당신을 신뢰하고 진정성을 다해 당신을 사랑하겠습니다. 삶을 사랑하고 더 반짝반짝 빛나는 모습으로 살아가기 위해 노력하는 당신을 말입니다.

따뜻한 햇빛 아래서 심윤수 드림

돈보다 쇼핑이 좋은 사람에게

 편안한 나날을 지내고 계시죠? 제 집사람은 쇼핑의 달인입니다. 달인이라기보다는 사서 쟁여 놓는 그런 소비성향을 지녔어요. 이게 보편적인가 생각되네요. 오늘은 어젯밤에 홈 쇼핑으로 구매한 소 갈비탕 한 박스가 왔어요. 참 줄기차게 구매해요. 내 돈 내고 내가 사는 것에 관여할 바는 아니지만 계단에, 보일러실에, 현관에 뜯지 않은 택배 상자가 서너 개쯤 되네요. 또 눈에 띄지 않는 구석에 더 있을지도 모르고요. 언제 적 물건인지도 모르고, 무엇인지도 몰라요. 당장 필요 없는 것이기에 언제까지 자리만 차지하려는지는 모릅니다. 우리 집은 마치 시골의 제법 구색을 갖춘 구멍가게를 방불케 해요. 한참 전 어느 나라 여행 끝에 역술인 닮은 의사(?) 꼬드김에 넘어가 공항 검색대에 걸려 관세까지 물어가며 약을 사 온 적이 있어요. 이런! 다 쓸데없는 것을…. 한참 동안 후회가 되어 다시는 다시는 그러지 않겠다고 마음을 다잡고 지냈지요. 이번 달에도 두

번의 해외여행 일정이 있어 걱정입니다. 그런 건 가까이 있는 사람에게 전염되나 봐요? 저까지 충동적으로 천 원 백화점 앞을 다이소 앞을 그냥 지나치지 못하네요. 하지만 한때 일뿐 영원하지는 않을 겁니다. 좋은 마음으로 붙들어 매시게요. 충동 소비를! 그리고 이제는 지름신도 얼씬대지 못하도록 두껍고 높은 성벽을 쌓아 올리시게요. 성터가 완성되면 초대해 주시면 제일 먼저 달려갈게요.

김윤기 드림

헤어졌다는 그대에게

안녕하세요!

헤어졌다는 소식 들었어요. 그 소식 듣고 혹여 슬퍼하고 있는 건 아닌지 걱정되어 편지를 쓰게 되었어요.

오래전 사랑하는 사람과 헤어졌을 때 저는 너무 슬프더라고요. 그 사람과 비슷한 뒷모습만 봐도 미친 듯이 따라가 보기도 했고, 닮은 사람만 봐도 나도 모르게 눈물 흘리고 있더라고요. 그러기를 몇 년 동안이나 반복했던 것 같아요.

친구로 남으면 좋겠지만 이상하게 연인에서 친구로 되기는 어려운 것 같아요. 한 사람은 마음이 정리되어 아무 감정이 없다고 할지라도 다른 한 사람은 마음 정리가 되지 않는다면 친구로 지내기도 어렵게 되는 듯하더라고요. 그렇기에 헤어지면 빈 공간이 남게 되어 채워지기 전까진 허전함이 남아 힘들더라고요.

사람은 누구나 빛나는 별이라고 해요. 그런데 그 별은 다양해서 나를 더 환하게 비춰 주는 별이 있고, 내가 빛을 비춰 주어야 빛이 나는 별이 있대요. 또 만나면 더 밝게 빛나는 별이 있고, 빛을 빼앗아 가는 별이 있다고 그래요. 당신은 어떤 별이고 어떤 다른 별을 만났었나요? 당신은 함께 있어도 아름다운 별이지만 홀로 있어도 아름답게 빛나는 별이었을 것 같아요. 내가 아는 당신은 그런 사람이거든요. 같이 있어도 아름답지만 홀로일 때도 아름다운 스스로 빛을 내는 아름다운 별.

소식 듣고 힘들어하고 있을 당신을 위해 달려가고 싶었지만 그럴 수 없어 편지로 대신합니다. 다음에 우리 만나면 술 한잔 기울이며 오늘을 이야기하기로 해요. 그때는 우리 웃으며 오늘을 이야기할 수 있겠죠?

그날을 기다릴게요.

　　　　　당신의 술 약속을 기다리는 친구가

회사의 입사지원서를 반복한 당신에게

한 회사에 입사지원서를 여러 번 제출하는 마음은 어떤 마음일까요? 지원한 회사가 제시하는 조건들이 아니라 거기서 당신이 하게 될 일에 대한 강한 믿음 때문이었겠다고 추측해 봅니다.

도전과 실패는 동전의 양면처럼 쓰는 말이지만 그것이 남기는 것들은 사뭇 다른 듯합니다. 도전도 실패도 여러 번 반복하는 일은 쉽지 않습니다. 해서 같은 도전을 여러 번 했다는 사실이 더욱 놀라웠습니다. 무엇보다 포기하지 않고 같은 회사에 여러 번 지원한 끈기와 용기가 대단합니다. 보통은 한 번의 실패에도 돌아보기도 싫기 마련이니까요. 회사 지원 과정에 내정자가 있었다는 사실에는 세상을 먼저 산 사람으로 안타깝기도 했습니다. 뭐라 해줄 말이 부족하고, 제가 왠지 부끄러운 마음마저 들었답니다. 도전과 실패의 과정에서 나의 부족함이 아닌 다른 조건에 따라 결과가 좌우되는 것만큼 속상한 일이 있을까요. 그럼에도 자신이 부족했는지를 돌아봤다는 이야기에 기특하면서도 애틋한 마음마저 드는군요.

 실패는 성공의 어머니라고 말하지만, 어느 누가 그 말을 있는 그대로 받아들일 수가 있을까요. 지나고 보니 그런 것이지 일을 겪는 당시에는 누구나 괴롭고 힘든 법입니다. 누구나 실패, 탈락, 불합격 같은 단어들은 인생에서 없었으면 하는 단어니까요.

 지금의 직장과 생활에 만족하고 있다는 이야기에 안도감이 듭니다. 도전과 실패의 과정을 딛고 생각과는 다른 지금의 자리에 도착했군요. 꿈꾸던 미래와 다른 삶을 살게 되었다고 해서 그것이 차선책을 선택한 삶이 되는 것은 아니라고 생각합니다. 꿈꾸던 미래가 막상 그곳에 도착했을 때 바라던 바와 같을 사람이 얼마나 될까 싶습니다. 저 역시 어린 시절 꿈꿔 왔던 것과는 완전히 다른 삶을 살고 있지만 지금의 직장과 삶에 만족하며 생활하고 있습니다.

 물론 해보지도 않고 포기하는 건 그것이 원하는 것이었는지, 내게 맞는 일이었는지도 알 수 없으니, 진짜 꿈이었다고 말할 수도 없을 겁니다. 사실 많은 사람들이 시도도 안 해보고 꿈을 접는 경우가 많아서 끝까지 최선을 다한 것을 더 대단하다고 생각하고 있습니다.

  사람이 살 수 있는 것은 '현재' 뿐입니다. 과거는 어쩔 수 없고, 미래 역시 생각만 해볼 뿐 내 뜻대로 만들 수는 없습니다. 게다가 우리는 매 순간 변하고 달라지고 있으니, 할 수 있는 것은 지금 내가 행복하게 할 수 있는 일을 찾는 것이라는 생각이 듭니다.

  살면서 만나는 많은 시련이나 고통 앞에서 우리의 숙제는 그 과정 속에 숨어 있는 자신만의 의미를 찾아내는 것이 아닐까요. 아프고 힘든 시간을 아무 의미 없는 시간으로 만들지 않는 것이 우리가 감내한 것들에 대한 보상이라고 생각됩니다. 과거의 아픈 경험이 당신의 안에서 가치 있는 경험으로 재탄생하여 지금을 빛내주고 있으리라 믿습니다.

  지금의 자리에서 더 씩씩하게 앞으로 나갈 당신을 응원합니다.

                    당신을 응원하는 한 사람이

이별의 아픔을 겪고 있는 그대에게

 안녕하세요. 어떤 말을 먼저 어떻게 꺼내야 할지 솔직히 조심스러워요. 잘 지내고 있는지 안부를 물어요. '이별'이란 두 글자는 상대가 누가 되었든 언제나 마음을 가시로 찌르는 말 같아요. 좋았든 싫었든 인연의 끈을 놓아야 할 때는 늘 아프더라고요. 이별이 그렇더라고요. 헤어짐의 시간이 왔다는 것은 인연의 끈이 다해서, 끝까지 닿지 않아서, 닿을 수 없어 그랬을 거예요. 저도 얼마 전에 사랑하는 할머니를 별나라로 보내드렸거든요. 가족이든 연인이든 이별은 쉽지 않네요. 지금 힘든 시간을 보내고 있을 거라 어렴풋이 짐작만 해봐요. 아픔의 정도를 알 수 없어 무슨 말로 응원을 해 드려야 할지 사실 잘 모르겠어요. 그래서 더 근사한 말을 전하고 싶은데 "힘내요." 라는 흔한 말밖에 없네요.

 이별은 시간이 약이라고 하잖아요. 저도 이 말에 동감해요. 할머니 떠나보내고 한동안 참 많이 울었어요. 처음에는 폭풍처럼 쏟아지던 눈물이 시간이 지나면서 조금씩 잦아들더라고요. 지금 이 순간에도 눈물이 안 나는 건 아니지만 그래도 이젠 덤덤하게 받아들여져요. 가는 사람, 보낸 인연 아프고 쓰리더라도 너무 많이 아파하지 않았으면 좋겠어요. 조금 흔들려도 꺾이지 않는 마음이 중요하더라고요. 지금 이대로의 나를 받아주고 마음이 시키는 대로 놓아두는 것도 나쁘지 않다고 생각해요. 지금은 다른 생각 하지 않고 그대만 생각하며 편안하게 지냈으면 해요. 그대가 건강했으면 좋겠고 좋은 일이 더 많이 생겼으면 하네요. 잘 먹고 무탈하게 있기를 바라요. 그럼, 당신의 안녕을 빌어요. 앞으로 따뜻한 날로 채워지길 응원할게요.

그대의 아픔을 덜어주고 싶은 이가

기나긴 실패를 견뎌온 당신에게

 길고 긴 어둠을 헤쳐 나온 당신, 고생했어요. 하고 싶은 것도, 열정도 많았을 20대를 잘 지내왔어요. 자신의 것을 해내기 위해 열심히 사셨겠죠. 어쩌면 잠도 잘 자지 못하고 미래를 위해 최선을 다하셨을지도 몰라요. 그런 당신에게 실패는 너무 뼈아픈 시간이었을 것 같아요. 내 전부를 다한 만큼 더 아픈 법이잖아요. 그 모든 이야기를 알 수는 없지만 이겨내려고 얼마나 스스로를 다독이셨을까요, 얼마나 열심히 노력하셨을까요. 정말 고생했어요.
 얼마 전, 실패에 대한 인터뷰를 기록한 책을 읽었어요. 유명 인사들뿐만 아니라 힘든 환경을 이겨낸 이들의 인터뷰였어요. 사실 우리 사회에서 실패를 이야기한다는 것은 나의 허점을 드러내고 약점을 적들에게 주는 것 같은 느낌이지만, 이 책에서 얘기하는 실패의 의미는 굉장히 다양했어요. 어떤 이에게 실패는 너무 많은 의미를 부여하지 않아도 되는 '무언가'였어요. 누구나 겪는 일이니까요. 또 다른 이에게 실패는 해도 괜찮은 거래요. 그것을 통해 또 다른 나를 발견할 수 있으니까요. 결국 실패보다 중요한 것은 그 실패를 받아들이는 나의 마음가짐인 것 같아요. 누구나 겪는 실패지만 실패 후 나아가는 방향은 다르잖아요. 실패를 무기로 만든 사람은 그 경험을 바탕으로 자신의 꿈을 펼쳐 나가기도 하지만, 실패를 자기 방어 기제로 삼는 사람은 자기 자신을 망쳐 가기도 하죠.

저 역시 20대 때 끊임없는 실패를 반복했어요. 수능을 망쳐서 원하는 대학교도 가지 못했고, 꿈을 위해 도전했던 직장에서는 계속 떨어지기를 반복했어요. 나는 해도 안 되는 사람이라는 좌절감에 사로잡혀서 자기 방어 기제만 커졌어요. '그 일 때문에 내가 이렇게 된 거야.' 변명만 많아진 거죠. 몇 년이 지나고 깨달았어요. '내가 나를 망쳐가고 있었구나.' 그 후부터는 어떠한 일이 일어날 때마다 스스로 해치지 않도록 마음을 돌봐 주고 있어요. 우리는 누구나 실패를 겪어요. 실패는 누구에게나 있는 일이에요. 너무 크게도 작게도 생각하지 말아요. 그리고 실패를 통해 단단해졌을 당신을 기대해 봐요. 당신은 분명 예전보다 조금 더 성장했을 거예요. 실패를 딛고 성장할 당신의 미래를 응원합니다!

이시은 드림

새로운 옛날을 그리는 당신에게

　오래전 헤어진 친구의 체취조차 그리움과 애틋한 감정으로 스멀스멀 피어오르는 그런 시간도 있습니다. 그럴 때 나는 파란 하늘의 정겨움에 고개를 하늘로 들어 올려 봅니다. 하늘에서 내 얼굴을 볼 수 있도록 말입니다.

　당신이 아내와의 사소한 충돌로 돌이킬 수 없는 별거를 선택했지만 화목했던 처음의 관계로 돌아가고 싶다는 사연을 듣고 적잖게 놀랐어요. 하지만 건강한 가정을 소원하는 깊은 마음과 서로를 존중하며 옛날을 회복하고 싶다는 마음에 무한 신뢰가 느껴져 안도와 함께 손뼉을 먼저 칩니다.

　귀한 인연으로 만났다가 안타까운 상황이 된 거 같아요. 전, 후 사정은 모르겠으나 "다시 힘들어질까 봐."라는 말에서 깊은 짠함과 고뇌가 느껴지네요. 이런 경우 완전함, 또는 어떤 가치를 추구하는 욕심이 넘쳐서 그런 경우가 더러 있더라고요. 강제할 수는 없지만 어느 한쪽이 아닌 두 사람 모두의 희생과 양보가 필요할 듯하네요. 심적이나 외적으로 완전한 탈피 하시고 새 옷으로 갈아입으셔서 처음 만남처럼 설레는 마음가짐으로 시작하시는 건 어떨까요? 합쳐진 뒤에 과거에 좋지 않았던 얘기는 금기어로 정하고 헤쳐 나가야 할거 같아요. 지긋한 나이에는 누구나 이런 관계까지는 아니더래도 한 번쯤은 따로따로 생각해 보잖아요. 안 그런 척 모른척할 뿐이지요. 저 또한 다툼이래도 있는 날에는 방정맞게도 최악의 경우가 생각되는걸요.

 희망의 마음 잃지 마세요. 다 잘될 거예요. 봄눈 녹듯이 녹아내리어 영원히 화목한 가정 꾸리시기를 소망하며 현명한 소신을 닮고 싶습니다. 건강 잘 챙기시고 마음먹은 대로 성취하시기를 바랍니다.

                                    김윤기 드림

긴 여정을 떠나는 당신에게

 곧 긴 여행을 떠난다고 들었어요. 산티아고 순례길이라니 듣기만 해도 설레는 여정입니다. 어떠한 마음으로 그곳에 가는 비행기표를 끊으셨는지 궁금하네요. 삶에 지쳐 그냥 무작정 걷고 싶으셨는지, 또 다른 도전을 하고 싶으셨는지요. 그 긴 여정을 계획한다는 것이 쉽지는 않으니까요. 그래서 어떤 말씀을 드릴까 고민하며 순례길을 떠올리다 보니, 우리 인생이 생각났어요. 우리는 스스로 선택해서 태어난 것이 아니라 태어나서 살아가고 있잖아요. 그 삶 위에서 어떻게든 살아가고 있고, 아름답게 살 것인지 부정적으로 살 것인지 그 길을 만드는 건 자신의 몫이 되었고요. 그게 순례길 위에 있는 우리와 닮은 것 같다는 생각이 문득 들었어요. 순례길을 걸어가는 것은 매우 힘들 테지만 여정을 아름답게 만들어가는 것은 결국 본인의 몫이잖아요.

 사실 저는 10년 전쯤, 산티아고 순례길을 딱 하루 걸어본 경험이 있어요. 26km 구간의 피레네

산맥을 넘는 일정이었는데 체력이 좋지 않아서 동행하던 이들을 먼저 보내고 홀로 정처 없이 걸었어요. 옆에는 말과, 양, 아름다운 풍경이 펼쳐졌지만 아무것도 눈에 들어오지 않았지요. 그렇게 몇 시간을 걸었을까 너무 힘들어서 정신이 아득해지는 순간이 찾아왔었는데 그 순간 감사하게도 좋은 분들이 갑자기 나타났어요. 제가 너무 힘들어 보였는지 속도에 맞춰서 함께 걸어주고, 배낭도 들어주시고, 먹을 것도 나눠주셨어요. 길에서 만난 따뜻한 기억이죠. 함께 걷는다는 이유로 그날 처음 만난 저를 많이 배려해 주었으니까요.

산티아고 순례길은 힘든 길은 맞지만 그 길은 어떻게든 걸어가게 되어 있고 끝나게 되어 있더라고요. 그리고 동행하는 이들과 아름다운 추억이 남고요. 저는 아직도 그때 함께 다녀온 친구들과 산티아고의 추억을 얘기하며 따뜻한 마음을 나누고 있어요. 분명 당신에게도 산티아고는 행복한 시간으로 남을 거예요. 그러니, 조심해서 다녀오세요. 그리고 좋은 사람들, 추억들 많이 얻어오시길 바랄게요.

이시은 드림

등대를 찾고 있는 당신께

 긍정의 힘과 믿음은 가지고 있으나 일손이 잡히지 않고 갈팡질팡한다는 얘기에 인간이 살아나가는 투쟁의 과정을 그려낸 『노인과 바다』라는 소설이 언뜻 떠 올랐습니다. 다소 동떨어진 내용일 수도 있지만 알 듯 모를 듯한 당신의 사연과 닮아있는 듯합니다. 지금은 어디쯤 계시나요? 목표를 잃고 표류하시다니 안타깝습니다. 우선 용기 잃지 마시기를 조심스럽게 말씀드립니다. 너무 쉴 틈 없이 달려서 살아오신 건 아닌지요? 힘드시면 쉬셨다 숨 고르고 나아가시는 방법도 좋을 듯합니다. 속속들이 알 수 없어서 시원하게 나서지 못해서 미안하기도 합니다. 저는 조용하고 한적한 산길을 걷다 보면 '야! 이게 평화라는 거구나.' 잠깐잠깐 느껴질 때 정말 머릿속이 시원해지는 감동을 기억합니다. 시장 구경도 추천합니다. 오일장을 접할 수 있는 곳에 여행하시면 더욱 좋겠네요. 치열한 외면이 느긋한 내면과 어우러져 그들만의 오늘을 살아내는 모습이 싱

싱하면서도 감동일 수도 있습니다. 좋은 모습은 배우고 나쁜 모습은 반성하게 만들더라고요. 그래서 시간이 날 때면 오일장을 두루두루 돌아다닙니다. 낯익은 붕어빵 아줌마, 옛 물건 가져오시는 구레나룻 아저씨와 스쳐 지나는 모든 이들이 참으로 정겹습니다. 구르는 돌은 이끼는 끼지 않을지라도 마모되고 부서질 수 있습니다. 넓은 가슴에 용기를 불어넣어 줄게요. 파도 만나지 마시고 등대 찾으시기를 바라면서 도전이라는 목표로 마음과 몸을 혹사하지 마시기를 바랍니다.

김윤기 드림

퇴사를 축하하며

 종잡을 수 없는 날씨에 일기예보를 보며 눈치싸움을 잘해야만 하는 나날입니다. 옷장 앞에 서서 이걸 입으면 낮에 더우려나, 이 옷은 저녁에는 추우려나 하는 걱정을 합니다. 우리는 그렇게 매일 어쩌지 못하는 상황에 놓이곤 합니다.

 권고사직을 당하셨다고요. 아직 마음이 얼음 속에 계실까요. 권고사직이든 사표든 회사를 떠나신 결과는 같으니, 앞날을 응원하고 싶은 마음에 "퇴사를 축하한다."라고 말하고 싶습니다. "얼음땡!"을 외쳐드리고 싶습니다.

 떠남이 자의는 아니었으나 결론적으로는 출발점에 서게 되셨네요. 지금의 상황을 바꿀 수가 없다면 그 상황을 다르게 부를 수는 있을 듯합니다. 종착점이나 출발점이나 같은 말일 수 있으니까요.

 살면서 내가 어떻게 해볼 수 없는 상황들에 놓이는 때가 있잖아요. 그럴 때 저는 그 상황을 생각하지 않으려고 애씁니다. 잘 안될 때도 많지만 생각해 본들 할 수 있는 일이 없다면 일단 조금 떨어지려고 합니다. 그렇게 좀 놔둬 봅니다. 그렇게 두다 보면 그 일들과 감정들이 조금씩 깎여 나가면서 모서리가 무뎌지고 쌓여있는 감정들이 날아가는 것 같아요. 무뎌지고 조금 가벼워지면 들여다보기가 수월해지고 다른 생각을 해볼 여유가 생기더군요.

실제로 지난 연말 제 생각과 크게 달랐던 일을 겪은 적이 있습니다. 상대방은 저를 오해했고 저는 그 오해를 풀 길이 없었답니다. 생각하지 않으려 해도 끈적한 스티커 자국처럼 마음에 상처가 들러붙어 있었어요. 다른 일을 계획하고 바쁘게 지내면서 생각하지 않으려고 애썼습니다. 그렇게 정신없이 몇 주를 지내고 보니 그 사람이 다르게 보였답니다. 처음에는 마주 볼 수도, 웃을 수도 없었지만 지금은 조금 편안하게 볼 수 있게 되었습니다. 오해는 영영 풀지 못했지만 입장의 차이에서 오는 오해였기에 풀기보다는 받아들여야만 했습니다. 그 사람은 다르게 생각할 수 있었다는 것을 이해하고 받아들였습니다.

권고사직의 상처도 비슷할 것 같아요. 잊으려 해도 내가 뭘 잘못했나 곱씹게 되겠지요. 다르게 처신했다면 다른 결과였을까 하는 생각도 하게 되겠지요.

 되돌릴 수 없는 일이라면 지금의 일에 집중해 보는 것이 어떨까요. 열심히 발을 구르며 앞으로 나가다 보면 어느새 결승점에 도착해 있는 것처럼, 쌓여있는 일거리를 하나씩 하다 보면 어느새 사라지고 없는 것처럼 무언가에 집중해서 하다 보면 다른 것들은 사라지는 시간이 도움이 되지 않을까 싶습니다. 무언가를 해냈다는 성취감은 덤으로 받을 수 있고요.

 그리고 스스로에게 돌봄과 휴식의 시간을 허락하면 좋겠어요. 좋아하는 일과 좋아하는 음식, 좋아하는 사람들, 기분 좋은 장소들에서 위안받으시고 앞으로 나아갈 기운을 차리시길 응원합니다.

　　　　　퇴사를 축하고 새출발을 응원하는 이가

육아휴직을 도와준 선배님에게

안녕하세요. 선배님. 잘 지내고 계신가요?

지금 아이가 막 잠들어서 여유가 생기니 선배님 생각이 나더라고요. 핸드폰으로도 소식 전할 수 있지만 말로 못 하는 것은 글로 쓸 수 있을 것 같아서 이렇게 펜을 들었답니다.

선배님 덕분에 저는 아이와 함께 잘 있어요.

임신했을 때 당시엔 임신한 자체만으로 너무도 기뻤는데, 점점 배가 불러올수록 걱정이 많아지더라고요. 친정 부모님은 멀리서 살고 있고 첫 아이 임신이다 보니 모든 것이 미숙해서 엄마로서 잘할 수 있을지, 직장에 피해를 주는 것은 아닌지 고민이 많았거든요. 제가 욕심이 많아서 좋은 엄마도 되고 싶고, 직장에 피해 주지 않고 열심히 일하는 커리어 우먼이 되고 싶기도 했어요. 남편과 이야기를 해봤지만, 남편도 답이 없는 건 마찬가지더라고요. 남편은 육아 휴직 낼 수는 있지만 눈치가 보인다고. 예전과 다르게 문화는 바뀌었다지만 남편이 있는 곳은 아직 어려운 듯하더라고요. 일을 그만두어야 하나 걱정하고 있을 때 선배님께서 조용히 저를 불러 이야기해 주시던 날을 기억해요. 많이 미안해하는 제게 꼭 돌아오라며 토닥여 주신 그날 저 펑펑 울었어요. 남편에게도 그날 일 이야기했더니 참 고마우신 분이라며 보답하자고 하더라고요. 선배님 덕분에 이 세상에 하나뿐인 우리 예쁜 아가도 만나고 매일매일 아이의 행복한 미소를 볼 수 있어서 얼마나 행복한지 몰라요. 아이와 행복한 시간을 보낼 때마다 선배님이 생각나요. 제가 하던 일 모두 맡아서 해 주시잖아요. 힘들지 않으세요? 빨리 복귀해서 선배님 덜 힘들게 하고 싶은데…. 막상 복귀했을 때 잘 적응할 수 있을지도 걱정돼요. 이미 해 봤던 거니 잘할 수 있겠죠? 복귀하면 열심히 하겠습니다. 그리고 복귀하면 제가 맛있는 커피 선배님께서 "그만!"이라고 하기 전까지 드리겠습니다.

  선배님 정말 감사해요.
  다음에 또 연락드릴게요.
  사랑합니다.

                선배님의 사랑에 감격하는 후배가

좋은 날로의 비상을 맞이하는 당신께

 저녁노을이 차가움과 뜨거움을 반반씩 차지하고 반은 어둠을 알리고 반은 찬란한 아침을 맞이하라는 여운을 주는 묘한 시간입니다. 권고사직! 숨쉬기조차 힘든 사연 전해 듣고 황당하여 어찌할 바 몰라서 위로랍시고 몇 자 끄적거려 봅니다.
 "시한이 암만 질고 춰도 이날 평상 봄은 한 번도 빠지지 않고 왔당게!" 어딘가에서 읽은 전남 구례장터 할머니가 작금의 정세를 구수하고 억세고 해학적, 희망적으로 말씀하신 거를 기억에 있는 대로 옮겨 왔어요. 하지만 이건 생각의 말일 뿐이겠죠? 어떤 달콤한 언어로도 토닥여 주기가 어렵네요. 그래도 주저앉으시면 안 돼요. 이 시대를 살아내는 모든 이들은 당신만큼은 아니래도 어쩌면 더한 고통과 비슷한 아픔을 공유하고 함께 이겨 내려고 노력하고 있어요. 농부는 봄을 걱정합니다. 매서운 겨울은 그에게 달콤한 휴식이었습니다. 어딘가는 당신이 절절히 필요한 데가 있을 겁니다. 당신의 현재 아픔이 누군가에게는 거울이 되어 힘을 낼 수 있는 마중물이 될 수도 있음을 기억하세요. 당신의 삶에 박카스 한 병을 얹어 놓을게요! 건강하시기만 하면 좋겠어요.

김윤기 드림

이직에 성공한 당신에게

 푸른 잎이 새록새록 돋아나는 요즘이에요. 당신의 삶에도 아주 큰 변화가 있다고 들었어요. 이직에 성공하셨다고요. 새로운 삶을 찾아 도전한 당신께 박수를 보내 드립니다. 안정적인 삶에 안주하지 않고 꿈을 위해 도전하다니 정말 멋져요! 꿈을 이룬다는 것은 정말 특별한 일인 것 같아요. 그래서 꿈을 이룬 누군가의 일대기는 큰 화제가 되기도 하죠. 그 특별한 일을 하고 계신 당신을 응원해요.
 저 역시도 다른 사람들을 도와주는 특별한 사람이 되고 싶어 꿈꾸었고 도전했어요. 하지만 여러 번의 좌절을 경험했고 현재는 꿈꿨던 것과 전혀 다른 삶을 살고 있어요. 꿈을 이룰 수 없다는 것을 깨달았을 때는 매우 아팠지만 지금의 삶도 저는 아주 만족하고 있습니다. 돌이켜보면 저는 제 삶에 정말 최선을 다했어요. 비록 그 시간이 열매로 맺어지진 않았지만, 열심히 노력한 그때의 제가 마음속 구석에 원형 그대로 남아있거든요.

많은 이들이 꿈꾸지만, 모든 이들이 꿈을 이루는 것은 아니잖아요. 저도 그 많은 이들 중 한 명이었던 거죠. 그 사실을 인정하기가 조금 어려웠는데 지금은 괜찮아요. 그 도전과 실패로 단단해진 새로운 저를 얻었거든요.

 많은 이들이 우리 인생이 정말 한 치 앞도 내다볼 수 없다고 얘기하고는 하죠. 가보지 않은 길임에 확신할 수 없는 것이 너무 당연한 거 같아요. 하지만 자신의 행복을 위해 안정적인 삶을 포기하고 도전한 만큼 많은 고민과 염려, 생각이 있었을 거라고 생각해요. 이루어지지 않으면 어때요, 그것도 나인 것을요. 그 실패를 경험한 것도 나고 성공한 것도 나잖아요. 그러니 내 삶을 위해 도전한 나를, 최선을 다해 성실히 임한 스스로를 믿어 보세요. 당신은 분명 잘할 수 있을 거예요.

이시은 드림

길을 찾고 있는 당신을 응원하며

 어찌 지내시나요? 날씨를 종잡을 수 없는 나날입니다. 요즘은 좋은 날씨가 점점 드물어져서 뽑기를 하는 기분으로 날씨 정보를 확인합니다. 날씨의 눈치를 잘 살펴서 하루를 계획해야 하니까요. 날씨를 어쩌지 못하는 것처럼 관계에서 다른 이를 신경 쓰게 되는 것도 어쩔 수 없는 일인가 싶기도 합니다. 혼자서는 살아갈 수 없는 세상이니 남에게 비치는 내 모습과 남이 생각하는 나를 늘 되짚어보게 됩니다.
 제 이야기를 하자면, 어느덧 몇십 년의 사회생활로 남의 시선과 판단에 '괜찮은 척'하는 요령을 조금은 터득한 듯합니다. 하지만 여전히 제 안에는 이러지도 저러지도 못하는 작은 아이가 살고 있습니다. 그 아이는 수시로 움츠러들고 수시로 주저합니다. 작은 눈을 이리저리 굴리고 있습니다.
 나만의 가치와 철학을 지키며 사는 삶은 어떤 것일까요? 저도 궁금하긴 합니다. 숱한 책들과 선배들의 이야기를 들어봐도 뿌연 구름 속에, 있긴 있는데 보이지는 않는 '미지의 것'을 바라보는 심정입니다. 혼자서 살 수 없는 세상이라면 적당히 다른 사람과 맞춰가며 사는 것이 잘 사는 것이 아닐까 하는 생각도 해봅니다. 하지만 다시 생각해 봐도 가장 멋진 사람은 역시나 자기중심을 지키는 사람입니다.

그러면서 한편으로 생각해 봅니다. 사람이 모든 것을 잃고 나면 무엇이 남게 될까 하고요. 가진 재산이나 지위, 가족마저도 없어진다면 결국 나의 의지와 생각만 남지 않을까요? 내 생각과 의지는 세상 무엇과도 같지 않으며 바꿀 수도 없으니까요. 그래서 주어진 대로 살지 말고, 살고 싶은 대로 살아야 하는구나 하고 생각해 봅니다. 내 생각과 의지로 사는 삶이야말로 유일한 존재인 내가 제대로 살아가는 방법일 테니까요.

저도 여전히 저만의 길과 가치관을 찾아가고 있지만 제가 매일 중요하게 생각하는 것을 알려드릴게요. 저는 하루 중에 가장 좋아하는 것을 하는 시간을 꼭 가지려고 노력합니다. 그 시간에는 일도 가정도 아닌 나만을 위한 것을 합니다. 그 시간이 저를 단단하게 만들어준다고 믿고 있습니다. 누군가가 저에게 가치관이나 철학이 무엇이냐고 물어온다면 선뜻 대답하지는 못합니다. 대신 내가 좋아하는 것을 찾아가고 그것을 지키고 나누는 것을 가장 중요하게 생각한다고 대답할 듯합니다.

좋아하는 것부터 하나씩 해보시면 어떨까요? 인간은 한 사람 한 사람이 모두 특별하며 개별적인 존재이니 그 생각과 가치관도 모두 특별하다고 생각합니다. 정해진 해답은 없고 우리 모두 찾아가는 과정에 있으니 그 과정에서 자신만의 것을 발견하지 않을까요? 결국 중요한 것은 포기하지 않는 것이겠죠.

지구별에서 인간이 특별한 것은 다른 생명체와는 다르게 인간은 개개인이 자신만의 고유함을 가지고 있기 때문입니다. 단 한 명도 같은 사람은 없습니다. 당신은 특별하고 유일합니다. 자신만의 중심과 가치를 찾아가는 당신의 여정을 응원합니다.

여전히 찾고 있는 한 사람이

거북이를 닮고 싶어 하는 당신에게

 매일을 열심히 버텨내고 계시죠? 꾸준함의 끝은 어디쯤일까, 생각해 봅니다. 시작은 있었지만, 종점이 아득하여 답답하시겠어요. 내 이야기를 가벼운 마음으로 드려 볼게요. 저는 산속 닷되지기 반의 논을 아버지가 저의 곁을 떠나신 2년 후 그 논을 매매하신 금액의 세배를 지급하고 다시 찾았어요. 등록을 마쳐 등기부 등본을 가지고 당신들이 누워 계신 곳에 가서 자랑스럽게 서류를 보여 드렸죠. 매일매일 꾸준히 찾아가 작물을 심고 가꿀 것을 다짐했어요. 정말 너무 좋았답니다. 그 후 산속에 있는 논에 농막을 지었습니다. 더 나태해지는 자신이 초라해 보여서요. 작심 석 달이더군요. 처음에는 열심히 다녔죠. 몇 달쯤 후에는 다니지 않게 되더라고요. 산이라기보다는 작은 동산보다 약간 더 높은 곳입니다. 하지만 시간은 꽤 걸리는 곳이어서 무언가 자극이 필요한 시점에 후배의 강아지 한 마리. 친구의 백봉 몇 마리를 데려와 키우기 시작했죠. 그

뒤 8년째 다니고 있어요. 추운 겨울을 찜통 여름을 오롯이 감당하고 지키고 있는 듬직한 반쪽이와 달걀을 주는 그들도 그들이지만 소중하게 간직했던 토지에 당신들의 숨결, 애환, 기쁨 모든 걸 기억해 낼 수 있고 내게는 꾸준함, 끈기, 설렘을 선물한 귀중한 당신들의 설움이 담긴 애달픈 땅이었기에 오늘도 가쁜 숨 몰아쉬며 만나고 왔어요. 버텨 보세요. 날이 감에 따라 버틴 시간이 더해지면 그 시간이 아까워 오기가 생길지도 몰라요. 항상 흐린 날보다 화창한 날이 더 많음을 생각하시면서 한 걸음 한 걸음 더디게 걸어 보시기를 진심으로 기다리며 응원할게요.

                                        김윤기 드림

나만의 삶을 위하여 나아가시려는 분께

안녕하세요.

저는 한 발 앞으로 내밀며 천천히 걸어가고 있는 사람입니다.

본인 만의 삶을 꿈꾸고 계시다는 이야기를 들었어요. 타인의 삶과 나의 삶을 비교하는 것이 아닌 나만의 삶을 원하신다고요.

저도 예전에 다른 사람들의 삶을 부러워했던 적이 있어요. 그 사람들의 보이는 모습, 행복하고 멋진 모습만 본 적이 있어요. 비싼 자동차에 비싼 물건들, 해외여행 다니며 여유로운 모습들, 성공한 모습들을 SNS에서 보면서 잠깐 부러워했답니다. 그런데 나중에 몇몇 사람들의 인생 이야기를 듣고 고개를 끄덕였답니다. 지금의 위치로 오기까지 수많은 실패가 있었지만, 끊임없이 도전하고 시도한 모습들을 들어 보니 고개가 절로 숙여지더라고요. 그 사람들의 노력을 보지 않고 지금의 모습만 보고 부러워했던 저를 반성하게 되었습니다.

누군가는 그런 말도 하더라고요. '출발선이 다른 사람도 있지 않나요?' 하고…. 그런데 이미 태어났으니 출발선을 바꿀 수는 없을 것 같았어요. 그래서 저는 최선을 다하자고 생각하기로 했답니다. 신이 아닌 이상 모든 것을 잘하는 사람은 없을 것 같았거든요.

'나'라는 사람의 인생 드라마에선 내가 주인공이라는 생각을 했어요. 그래서 이것저것 도전해 보고 살아 보고 싶어서 요즘 드럼과 노래에 도전하고 있어요. 뭐 어때요? 내가 주인공인데! 실패도 해 보고, 성공도 해 보고, 도전해 보는 거죠.

'내' 삶 속에 '나'라는 사람이 있어서 세상이 돌고 있고 아름다운 것도 알지 않을까 싶어요.

우리 각자 삶이라는 드라마에 한 발 내디딘다며 나아가기로 해요. 그리고 나중에 당신의 삶도 들려주세요. 당신만의 삶을 듣고 싶어요.

            당신의 삶을 듣고 싶어 하는 친구가

책방을 꿈꾸는 분에게

 안녕하세요. 책방을 꿈꾸는 분에게 인사를 건네요. 산들바람이 살랑살랑 불며 저를 유혹하는 날이에요. 어디든 가고 싶은데 멀리 갈 시간은 없고 그렇다고 집에 있기에는 마음이 싱숭생숭한 그런 날 있잖아요. 이럴 때 제가 가는 공간이 있어요. 이곳에 가면 종이 냄새가 향수처럼 풍기는 책이 있고, 코를 자극하는 커피가 있으며, 귀를 간지럽히는 음악이 있어요. 여기는 바로 동네를 지키고 있는 작은 책방이에요. 동네 책방을 아지트로 삼고 싶은 분 어서 오세요. 제가 책방을 좋아해서 책방에 대해 할 얘기가 있어요. 만나서 반가워요.

 요즘 책 읽는 사람이 점점 줄어들고 있다는 기사를 봤어요. 그럼에도 책방을 운영해 보고 싶은 분이 있다는 말을 듣고 기뻐서 글로나마 얘기를 나누고 싶어 몇 자 적어요. 무언가 해보고 싶은 꿈을 갖는다는 건 행복한 일이잖아요. 책을 좋아하고 책방을 좋아하는 애호가로서 반가워 그냥 지나칠 수가 없네요. 사실 저도 책방을 해 보고 싶은 꿈을 갖고 있거든요. 지금은 하는 일이 있어 당장의 꿈은 아니지만, 5년 전부터 꿈꾸고 있어요. 현역에서 은퇴 후 무슨 일을 하며 어떻게 살지 고민한 적이 있었거든요. 제가 책을 좋아해서 그런지 결론에 이르는 곳은 늘 책과 책방으로 이어지더라고요. 그때부터 10년 프로젝트로 계획을 세웠어요. 책방 꿈 통장을 만들어 예금도 꾸준히 하고 있고요. 앞으로 5년 남았어요. 5년 후쯤 책방을 하며 공간을 어떻게 만들지 상상의 나래를 펴기도 해요. 5년 후 계획이지만 그 시간이 좀 더 빨리 왔으면 하고 바라는 마음이 있어요.

그런데, 꿈과 현실이 좀 차이가 있어 솔직히 망설여지긴 해요. 경제적인 면에서 운영이 어렵다는 말을 들었거든요. 그렇더라도 책을 손에서 놓고 싶지 않아 책과 함께 할 수 있는 책방을 꿈꾸게 되었어요. 저와 비슷한 꿈을 꿈꾸는 책방지기도 같은 마음이지 않을까 하는 그런 생각이 드네요. 책방을 이왕 시작한다면 오래 했으면 좋겠어요. 동네에 사랑방 같은 역할을 하며 문화 공간으로써, 내 이야기가 책이 되는 그런 책방 말이에요. 미래에 책방을 하는 제 모습을 떠올려 보니 기분이 저절로 좋아지네요. 그래서 당신의 꿈을 열렬히 응원해 드리고 싶어요. 제가 자주 가는 책방에 가면 이런 글이 있어요. '당신이 읽지 않는 책을 팔아요.' 그 글을 읽을 때마다 그곳에서 자리를 지켜 주는 책방이 있어 고마울 때가 많아요. 아무도 읽지 않는 책을 팔고 책방을 찾는 사람이 드물어도 간직한 꿈을 잃지 않았으면 하고 저의 작은 바람을 담아요. 미래에 책방을 꿈꾸고 있는 책방지기님, 서로 가보지 않은 길이지만 함께 꿈꾸는 분이 있어 저도 힘 나는 날이네요. 문을 연다면 꼭 저에게 연락해 주세요. 놀러 갈게요.

미래의 책방지기를 꿈꾸는 이로부터

오늘도 행복할 당신에게

 안녕하세요. 당신의 행복 메시지를 받았어요. 모두의 행복을 빌어주시다니 마음이 정말 따뜻하신 분이시네요! 감사합니다! 사실 저도 세상의 행복과 다른 이들의 자존감에 관심이 많아요. 그래서 '행복'을 주제로 동아리도 만들어서 운영을 해봤는데요, 사람마다 정의하는 행복이 다르다는 것을 얼마 전 있었던 모임에서 깨달았어요. 저에게 행복은 평범한 일상이었지만 다른 누군가에게 행복은 가슴 설레는 '무언가'였다는 것을요. 저는 일상 안에서 무한한 감사와 평안을 느끼지만 다른 누군가는 그렇지 않다는 거죠. 어떤 기준을 가지고 사느냐에 따라 행복의 횟수가 달라지는 거였어요.

 행복 동아리를 통해 저는 다양한 시도를 했는데 특히 서로의 이야기를 나눌 수 있도록 많은 힘을 쏟았어요. 본인의 어린 시절, 행복했던 순간들, 인생을 함께한 친구들과의 추억을 이야기하면서 후련해하고 들떠있는 모습을 봤어요. 묵혀 놓았던 이야기, 담고 담아서 너무 숙성된 나의 상처들, 그 어느 것에 국한되지 않은 주제들을 나누었을 때 그들의 마음이 밝아지더라고요. 사람은 때로는 터놓고 이야기하는 시간이 필요한 존재지만 요즘 같은 세상에서 그런 기회를 얻기란 쉽지 않잖아요. 그런 관점에서 보면 상대방의 이야기에 편견 없이 귀 기울이고 눈 맞추며 들어주는 것만으로도 누군가의 세상은 조금 더 행복해질 수 있는 것 같아요. 더불어 자신의 마음을 살펴보는 것도요! 사실 나부터 행복하지 않으면 누구를 응원할 여유가 없잖아요. 우리 서로의 행복을 위해 함께 세상에 귀 기울여 봐요! 매일의 행복을 꿈꾸는 당신, 오늘도 행복하길 바랄게요.

이시은 드림

삶의 철학을 가지고 싶어 하는 당신께

안녕하세요.

저는 철학이 무엇인지 모르지만, 항상 생각에 생각을 더하는 생각쟁이랍니다. 생각을 멈추기 위해서 생각하는 생각쟁이지요. 제가 가진 삶의 철학이라 할 것도 없지만 저는 삶에서 지켜야 하는 건 신뢰와 편안함이라고 생각해요.

다른 사람들과 신뢰 관계를 쌓고 불편한 상황의 감정 소모를 줄이는 것으로 편안함을 유지하고 있어요. 종교적인 신념도 있지만 누군가와 관계를 맺으며 감정 소모하는 것을 썩 좋아하지 않거든요. 게다가 직업이 간호사이다 보니 환자나 가족분들에게 신뢰와 편안함을 주고 치료에 도움 주는 것이 맞다고 생각해요. 그래서 맡은 환자나 업무에 최선을 다하려고 해요. 그것이 일을 편하게 하는 방법이라고 생각한답니다. 그래서 저는 최선을 다하고 신뢰감 있게 행하되 모든 것은 내가 편안함을 느끼도록 하자는 거예요. 편안하게 일이나 삶을 살다가도 무언가 부족하다고 느낀다면 또 다른 편안함을 위하여 노력하고 도전하는 거죠. 내가 모르는 것이 있다면 공부해서 다음에 일할 때 수월하게 하거나 환자분들과 대화할 때도 그분들 관점에서 더 바라보려고 노력하고 있답니다. 그래서 지금은 더욱 편하게 일을 하기 위해 깊이 있는 공부를 하고 있어요.

 당신은 삶에서 꼭 지키고 싶은 기준이 있나요? 저는 신뢰와 편안함이라고 생각했는데, 당신은 꼭 지켜야 한다고 생각하는 것은 어떤 것이 있나요? 나에게 집중한 삶만 살다 보니 가끔 다른 사람들의 이야기도 듣고 싶을 때가 있어요. 들려주실 수 있나요? 기다리고 있겠습니다.

생각쟁이가

모두의 행복을 바라는 행복님에게

 안녕하세요! 오늘도 행복할 당신.
 우리는 늘 서로의 안부를 무심하게 묻습니다. "잘 지내시죠? 안녕하세요?"라고 말이에요. 아주 당연하게. 그리고 보니 저도 당연한 듯 물었네요. "안녕하세요!"라고 말이죠. 그리고 보통은 같은 답을 합니다. "네."라고요. 가끔 "아니오."라고 말하기도 하지만, 결국 인사의 끝은 "네.", 아니면 "아니오."로 끝납니다. "네."라고 대답했지만 어떤 날은 정말 안녕하지 않았을 텐데 구구절절 설명하기 어렵고, 그저 무심결에 한 대답일 수도 있습니다. 그럴 때면 스스로에게 질문을 던져봅니다. "나, 오늘 정말 안녕했나?"라고 말입니다. 당신, 오늘 정말로 '안녕'하셨나요? 편안하고 안전한 하루였나요? 그리고 그 안에서 오늘은 얼마나 행복하셨나요? 행복하다고 느낀 순간이 많았나요, 적었나요? 저부터 말해보자면 오늘 여러 번 행복하다고 느낀 순간들이 있었어요. 보고 싶었던 영화를 봤고 영화도 재미있었어요. 맛있는 식사도 했고요. 무엇보다 사랑하는 사람과 함께 하루를 보냈다는 것이 저를 더 행복하게 만들어 주었답니다.

 무심결이기는 하지만 사실 우리는 누군가의 행복을 응원하면서 살아갑니다. 대상이 나일 수도 있고, 주변의 누구이기도 하겠지요. 저는 사람뿐 아니라 길 위의 작은 동물들의 행복도 함께 기원합니다. 세상의 어떤 존재든 행복해야 할 권리가 있으니까요.

 그나저나 행복은 어디에서 기인하는 것일까요? 바꿔 말해서 사람들은 언제 행복감을 느낄까요? 행복은 때로는 거창하게 때로는 아주 가볍게 우리에게 느껴지는 개념인 것 같아요. 요즘 생각하는 행복은 거창하지 않고 그저 일상에서 만나는 크고 작은 기쁨이 행복이라는 생각을 많이 해요. 반드시 거창할 필요도 없고요. 오래전 부처는 현재의 바람과 집착이 사람을 고통에 빠지게 만든다고 말했죠. 그래서 그 바람과 집착이 고통의 근원임을 깨닫고 내려놓아야 벗어날 수 있다고 말했습니다. 무언가를 많이 소유하고 가지는 것이 행복이 아님을 설명하고 있는 것이겠지요. 작년부터 저는 미니멀한 삶을 살아보기로 마음먹고 주변의 물건들을 하나하나 정리하기 시작했습니다. 그러기 위해서는 곳곳에 쌓여 있는 책들을 먼저 정리하는 것이 급선무였습니다. 여기저기 쌓여 있는 책들로 인해 발 디딜 틈이 없는 삶을 살고 있었거든요. 우선 쓰러져가는 책 무더기들 속 책들을 간직할 것과 정리할 것들로 나누었습니다. 정리할 책들이 꽤 되더군요. 그러고 나서 전 간직할 책을 꽂을 책장을 구입했습니다. 책장이라니오? 분명 저는 미니멀한 삶을 사는 것을 목표로 한다고 하지 않았나요? 그런데 책장을 구입하다니. 그때 깨달았습니다. 소유와 집착. 그것을 내 마음에서 떼어 내는 일은 쉽지 않은 일이라고 말이죠. 사실 행복도 그렇습니다. 크고 거창한 행복의 장면보다 그저 하루를 보내는 과정에서 만나는 소소한 일상을 잘 살아 나가는 것이 행복입니다.

가족이 함께 즐겁게 웃고 있는 순간, 고양이들과 함께 침대에서 뒹굴뒹굴하는 순간, 정원에 앉아 지저귀는 새들의 소리에 귀를 기울이며 햇빛 아래서 잠시 앉아 있을 때, 좋아하는 책을 읽으면서 그 안에서 내 생각과 통하는 지점을 발견할 때, 우연히 들어간 식당에서 먹은 식사가 너무 맛이 있을 때, 겨우내 추위를 이겨내고 봄이 되어 존재감을 과시하며 삐죽 내민 새싹을 발견하였을 때, 멀리 비 냄새를 풍기다 쏴아. 대지의 열기를 식히는 단비가 내릴 때, 출장길에서 그 지역의 작은 서점에 방문하여 책 냄새를 맡을 때, 여름밤, 작은 정원의 의자에 앉아 소쩍새의 울음소리를 들을 때, 정원의 작약과 장미가 너무 아름답게 피었을 때…. 제가 "행복해."라는 말을 할 수 있는 순간은 이런 순간인 것 같아요.

생각해 보면서 놀랐어요. 생각보다 소소한 순간이 떠오르더군요. 큰돈이 입금되었던 순간이라던가 5천 원짜리 로또에 당첨되었을 때도 기쁘지만 제가 정작 행복한 순간들은 내 가족과 일상이 편안함을 느끼는 그 순간이었습니다.

모두의 행복을 바라는 당신은 어떤 순간이 행복하세요? 그게 어떤 순간이든 충분히 행복하시기를 바랍니다.

행복을 연구하는 학자들이 특별히 강조하는 이야기가 있더군요. 행복의 크기가 중요하지 않다고요. 빈도가 중요하다고 말합니다. 얼마나 자주 행복감을 느끼느냐가 중요하다고요. 그러기 위해서 저는 저의 삶을 잘 관찰해 보기로 했답니다. 언제 내가 기분이 좋았던가, 나빴던가, 행복하다고 느꼈던가를 잘 관찰하다 보면 행복의 순간이 다가옴을 예측할 수도 있을 것 같아요. "아,

나 이제 완전 기분이 좋겠는데?"라는 가슴이 두근두근하는 순간을 말입니다. 저는 벌써 행복하네요. 당신이 일상의 크고 작은 행복을 발견해 내실 거라고 생각하니 벌써 가슴이 두근거려요. 당신이 적어 내려간 행복한 순간은 저와 어떤 부분이 같고 어떤 부분이 다를지 궁금하기도 합니다. 그 이야기들을 서로 나눌 수 있다면 그 또한 저에게는 아주 기쁜 순간이 될 것 같아요. 언젠가 당신의 이야기를 들어보고 싶네요. 빠짐없이 모두.

모두의 행복을 바라는 우리는 그 자체로 귀한 존재라는 생각이 듭니다. 삶의 작은 여정 안에서 크고 작은 행복을 만날 수 있는 오늘도 행복하세요.

세상 모든 행복을 응원하는 심윤수 올림

작가의 말

작가의 말 · 김윤기

  이 책이 당신에게 희망이고 한줄기 빛이고 나침반이 되었으면 좋겠다. 책갈피를 접어두지 않고 한 번에 읽어 냈다면 글 쓰는 걸 포기할뻔했던 시간들이 나에겐 더욱 값진 영광으로 기억될 것이다. 나의 건강 문제로 많은 지인과 친지, 가족들로부터 응원을 받고 용기를 북돋아 주는 조언들을 듣고 좋은 생각만 하면서 지내려고 노력하고 있다. 당신도 그랬으면 하는 바람도 있다. 내가 받은 만큼 누구에겐가 돌려주고 싶어 이 글을 쓰기로 마음먹었다. 이제 나는 이 책을 다 썼으니 잔뜩 돋아난 풀을 매러 호미 들고 밭에 나가봐야겠다. 건강하고 힘차게 꽃향기 가득한 일상 살아가기를 응원하며 새카만 얼굴을 가진 시골 농부는 훗날의 인연도 살짝 기대해 본다.

작가의 말 · 김정숙

'나는 힘들 때 누가 응원해 줬지? 그때 내 옆에 누가 있었더라? 어떤 이야기가 듣고 싶었더라?'

평소 고민이 생기면 혼자 끙끙 앓고 혼자 울기 바빴다. 그때 누군가 내 옆에 있었다면, 그때 나와 함께 울어 줄 수 있는 사람이 있다면 좋겠다고 생각했다. 말 그대로 생각만 있었을 뿐 그 누구에게도 말하지 않았다. 하지만 내 곁에 사람들은 나의 작은 감정도 놓치지 않고 먼저 다가와 손을 내밀어 주었다. 때로는 차갑게, 때로는 뜨겁게 나를 위해 이야기해 주고 나를 위해 울어 주었다. 그때 그들의 도움으로 이제는 혼자 끙끙거리지 않고 먼저 그들에게 손을 잡아 달라고 이야기한다. 비록 해결해 주는 것은 아니나 들어주는 것만으로도 나에겐 위로가 되었다.

응원 편지를 쓰면서 참 많은 생각을 했다.

'이번 응원 프로젝트를 통해 비록 유창하게 말하지 못해도 진심으로 응원한다면 누군가에겐 위로가 되지 않을까?'라며 말이다.

우린 모두 응원받을 자격 있는 사람들이니까.

김정숙 blog.naver.com/suk8844881

작가의 말 • 박현경

'응원'이라는 말이 주는 힘을 뒤늦게 알았다. 촌스럽고 입에 발린 말로 느껴졌다. 살면서 알게 되었다. 말 한마디가 주는 힘이 얼마나 큰지. 이젠 수시로 "응원합니다."를 날린다. 잘 된 일에도, 안 되는 일에도 '응원'을 보낸다. 잘되었으면 더 잘되라고, 안되었으면 앞으로 잘하면 된다고 말해주고 싶다. 중요한 건 결국 포기하지 않고 계속하려는 마음과 무엇이든 조금씩 쌓아가는 일상이다. 글을 쓰며 스스로에게 응원을 보냈다. 나의 응원이 당신에게도 전달되길 바란다.

박현경 @samanda_park_

작가의 말 · 심윤수

  세상 곳곳에 숨어 있는 따뜻한 응원의 순간들을 발견하고, 그 마음을 글로 나누는 사람. 정원을 가꾸며 작은 씨앗이 싹을 틔우는 기적을 배우고, 고양이와 함께하며 소소한 일상 속에서 웃음과 위로를 얻는다. 세상이 때로는 힘들고 고단하게 느껴질지라도, 누군가의 진심 어린 응원이 삶을 다시 환하게 밝혀줄 수 있다고 믿는다. 나의 글이 독자들에게 마치 햇살 같은 응원이 되어, 어려움 속에서도 행복을 피워낼 용기를 전할 수 있기를 간절히 바란다. 삶의 모든 순간이 조금 더 따뜻하고 빛나기를 바라는 마음으로, 오늘도 조심스레 글을 써 내려간다.

심윤수 @5nyang5nyang

작가의 말 • 이시은

 첫 책자를 내놓을 때 했던 다짐을 기억한다. 그때의 나는 소소한 끄적임이 누군가에게 힘을 줄 수 있는 창대한 끄적임이 되길 소망했다. 이 책은 그 다짐을 지킬 첫 번째 발걸음이다. 우리의 인생이 늘 꽃밭 같을 수 없을 것이다. 때로는 넘어지고 진흙밭을 기어 다닐 수도 있다. 이 글을 읽는 누군가는 분명 그 캄캄한 어둠 속을 지나며 한 줄기의 빛을 바라는 마음으로 이 책을 읽고 있을 수도 있다. 모든 사정과 그 아픈 마음들을 모두 다 알 수는 없지만 이 책이 그들의 삶에 잔잔한 위로가 되길 바란다. 나의 응원이 인생에 큰 변곡점이 될 수는 없겠지만 이 글을 읽는 누군가의 삶에 살며시 스며들길 바란다. 더불어 결국엔 그 모든 것을 이겨낼 수 있는 단단한 마음을 가진 잡초 같은 사람이 되길 두 손 모아 기도한다.

이시은 uokkll@naver.com

작가의 말 • 진선이

 힘들 때 누군가의 말 한마디에 마음이 따뜻해진 적이 있다. 지치고 버거운 날, 기대고 싶은 마음이 들 때 누군가로부터 응원을 받으면 왠지 없던 기운이 생긴다. 응원은 그런 것이다. <잠시 숨 고르기 하고 있는 그대에게>는 삶을 열심히 살고 있는 분께 응원해 드리고 싶었다. <필사를 좋아하는 이에게>는 필사의 매력을 들려 드리고 싶은 마음이 들었다. <이별의 아픔을 겪고 있는 그대에게>는 아픔을 겪는 분에게 작은 위로가 되었으면 했다. 마지막으로 <책방을 꿈꾸는 분>에게는 책방지기를 응원하는 마음과 함께 미래의 나에게 보내는 편지이기도 하다. 이번 글을 쓰며 내가 누군가로부터 위로받고 주저앉은 마음을 달랬던 기억이 떠올랐다. 응원이 필요한 이에게 미약하지만 작은 불빛으로 반짝이는 반딧불이 되길 바라는 마음을 담았다. 위로의 말이 포근하게 퍼져 그대의 마음에 다정하게 가닿기를 바란다.

진선이 blog.naver.com/jinleejinlee

| 마음을 담아
| 응원을 건네요

응원이 필요한 당신께 보낸 스물아홉 통의 편지 잘 받으셨나요. 지금 당장 와닿는 이야기와 오래전 지나온 시절의 이야기, 그리고 앞으로 다가올 혹은 다가오지 않을 순간들에 관한 여러 편지가 당신의 마음에 큰 응원이 되었길 바랍니다. 하지만 여기 편지에 담기지 못한 순간들에도 응원이 필요할 때가 있을 거예요. 그래서 편지를 끝내며 마지막으로 모든 순간에 대하여 당신에게 응원의 메시지를 남겨요.

지금 어떤 순간을 지나고 있든, 당신의 삶은 충분히 아름답고 의미가 있어요. 지치는 날이 있을 수 있고, 걸어가기 힘든 순간이 있을 테지만, 그런 날 당신이 무너지지 않도록 제가 옆에서 당신의 친구가 되어 줄게요. 그러니까 힘을 내 계속 나아가 주세요. 피곤하면 쉬어가도 좋고, 지치면 멈춰도 좋아요. 당신의 결정에 무한한 신뢰로 믿음을 전해요. 분명 당신의 고민은 지금의 순간에서 더 나아가기 위한 고통일 거예요. 힘든 순간이 지나면 당신의 마음에 웃음이 가득할 것을 믿어요. 그러니까 멈추지 말고 계속 나아가 주세요. 당신의 결정에 무조건 응원하는 우리를 기억해 주세요. 어떤 순간에도 당신을 응원합니다.

 마음을 담아, 당신에게 응원을 건네요.

김윤기, 김정숙, 박현경, 심윤수, 이시은, 진선이

마음을 담아, 당신에게 응원을 건네요

1판 1쇄 발행 | 2025년 5월 5일

ISBN | 979-11-90604-79-6 (03810)

지은이 | 김윤기, 김정숙, 박현경, 심윤수, 이시은, 진선이
편집.디자인 | 새벽감성
발행인 | 김지선
펴낸 곳 | 새벽감성, 새벽감성1집

출판등록 | 2016년 12월 23일 제2016-000098호
주소 | 서울 양천구 월정로50길 16-8, 1층 새벽감성1집
이메일 | book@dawnsense1zip.com
홈페이지 | dawnsense1zip.com
인스타그램 | @dawnsense_1.zip

*책값은 표지에 있습니다.
*잘못된 책은 구입처에서 교환해 드립니다.
*이 책의 사진과 글의 전부 또는 일부를 발췌하거나 인용하려면
반드시 새벽감성 출판사의 동의를 얻어야 합니다.